NOÇÕES DA existência

A chave para compreender a **origem dos sintomas na visão das Leis Biológicas**

Códigos da EXISTÊNCIA

EDITORA
CHAVE MESTRA®

EDITORA
CHAVE MESTRA®

Av. Marcos Penteado de Ulhoa Rodrigues,
1119 – Tamboré, Alphaville – SP,
Ed. Office Shopping Tamboré –
Andar 21 – Sala Chave Mestra
CEP. 06460-040
@editorachavemestra
editora@editorachavemestra.com.br
www.editorachavemestra.com.br

Título original em português:

Códigos da existência:

a chave para compreender a origem dos sintomas na visão das Leis Biológicas

DIREÇÃO EDITORIAL
Raquel Medeiros

COORDENAÇÃO EDITORIAL
Bartira Costa Neves

EDITORIA JR.
Larissa Robbi Ribeiro

ASSISTÊNCIA EDITORIAL
Amanda Karine Grossel
Eloiza Andrade
Flávio Alfonso Jr.

REVISÃO
Luiza Tenuta
Isabela Fontenelles

DIAGRAMAÇÃO E PROJETO GRÁFICO
Weslei Eugênio

***BRANDING* DE CAPA**
Veen Studio

Dados Internacionais de Catalogação na Publicação (CIP)

Vale, Rogério (Organizador)

V149 Códigos da existência: a chave para compreender a origem dos sintomas na visão das Leis Biológicas / Rogério Vale (org.) – Barueri, SP. Chave Mestra Editora, 2025. 264 p.: 16 x 23 cm

ISBN 978-65-5496-114-1

1. Saúde. 2. Medicina alternativa. 3. Leis Biológicas. 4. Saúde integral. I. Título.

CDD 158.1

Códigos da EXISTÊNCIA

PREFÁCIO

Em minha jornada de mais de 18 anos como terapeuta integrativo, vivi muitos desafios, dúvidas e incertezas sobre qual era o melhor caminho para construir uma carreira que me trouxesse satisfação profissional e também fosse capaz de ajudar a realizar meus objetivos. Sempre fui um sonhador e nunca medi esforços para fazer o que precisava ser feito, mas, muitas vezes, sentia como se nada do que eu fizesse fosse capaz de trazer o resultado que eu buscava. Essa sensação de insuficiência e a busca incessante de achar uma resposta me fez chegar até as Leis Biológicas.

Quando falamos de Leis Biológicas, falamos das estratégias inconscientes de sobrevivência que adotamos a partir de eventos traumáticos pelos quais passamos e que nos dificultam alcançar melhores resultados, seja em qual área da vida for. É como se, durante nossa vida, alguns aplicativos fossem instalados em nós para cumprir determinada função, mas, com o passar do tempo, alguns ficassem obsoletos e "sobrecarregassem o sistema". É aí que a vida começa não funcionar tão bem assim — e a isso damos o nome de sintomas e dificuldades da vida cotidiana.

Hoje, como formador e mentor de terapeutas, vejo de forma muito clara aquilo que desejamos trazer para você neste livro: **a importância de compreender os mecanismos biológicos por trás das dificuldades que temos e que também estão na origem das queixas que os pacientes nos trazem nas sessões**.

Eu acredito que, como terapeutas, "só levamos nosso paciente aonde já fomos", e desvendar os muros invisíveis da nossa história que nos impedem de ir além das nossas limitações é o primeiro passo para nos apropriarmos de quem viemos para ser nessa existência — afinal, como seres humanos, viemos para evoluir.

O "Noções da Existência", meu curso de formação de terapeutas em Leis Biológicas, muito além de um método de atendimento, é minha história de vida. O contraste da minha vida antes e depois das Leis Biológicas é gigantesco, pois foi por meio delas que pude compreender (e aceitar) o motivo pelo qual vivi muitas situações e, aos poucos, me apoderar de quem sou, reconhecer em mim a capacidade de mudar minha realidade e alcançar os resultados que venho alcançando na minha vida pessoal e profissional.

Hoje, eu me sinto cada vez mais realizado em ver essas mudanças também nos meus alunos. Ter o privilégio de acompanhar a evolução de cada um e ver seu "antes e depois" é rever tudo o que aconteceu comigo se multiplicando por meio de suas histórias e também de seus pacientes. Assim, as Leis Biológicas, esse conhecimento tão transformador, tem chegado a cada vez mais pessoas que se beneficiam de uma vida mais plena e saudável, ressignificando dores internas profundas, a reconstrução de relacionamentos, a cura de males e a descoberta de novas possibilidades em sua jornada existencial. Isso, definitivamente, não tem preço e é, também, o objetivo deste livro para a sua vida.

Que a cada capítulo, a cada história e a cada nova percepção você possa descobrir algo a mais sobre si. Que seja o início de uma mudança em sua vida e uma oportunidade de mudar algo na sua história, afinal é disso que somos feitos: da nossa própria história. Estudar as Leis Biológicas é se reconciliar com nosso passado para que possamos construir um novo futuro, alinhado ao que desejamos agora. É confiar que a vida tem seus propósitos e que nos tornamos cada vez mais conscientes de quem somos à medida que atualizamos os aplicativos que trazemos.

E se você desejar se aprofundar nesses estudos e construir uma carreira sólida como terapeuta em Leis Biológicas, convido você a acessar o *QR Code* e conhecer nossa formação de terapeutas. Por meio do Noções da Existência, você terá tudo o que precisa e todo o suporte necessário para aplicar as Leis Biológicas na sua vida e com seus pacientes.

Desde 2019 já foram mais de 800 terapeutas formados pelo mundo, que multiplicam esses conhecimentos e que, hoje, tenho o prazer de apresentar alguns deles a você aqui neste livro. E, quem sabe, você não estará conosco aqui em uma próxima edição, contando a sua história também?

Então, "esvazie o copo" e tenha uma excelente leitura!

Rafael Livramento

Sumário

Códigos da

EXISTÊNCIA

Agnes W. Ribeiro

Sou Agnes W. Ribeiro, natural de Três de Maio/RS. Aos doze anos, eu e minha família nos mudamos para Campo Novo do Parecis/MT, onde vivo até hoje. Sou casada com Ederson Ribeiro há 17 anos e temos dois filhos: Ana Clara e Uriel.

Como terapeuta e mentora de mulheres, sou também criadora do ProgrAMAR-SE, programa terapêutico que já transformou a vida de centenas de pessoas.

Minha missão é ajudar mulheres a identificarem suas batalhas interiores e curarem suas feridas emocionais, abandonando a armadura de guerreira e construindo uma vida gloriosa.

Por ter passado por esse processo, acredito firmemente que é possível viver com mais leveza e liberdade, sem a necessidade de dar conta de tudo sozinha.

agnesterapeuta
+55 (65) 99953-4601
agnesterapeuta@hotmail.com

1 LEIS BIOLÓGICAS E ENERGIA: O CAMINHO PARA A CURA

Por Agnes W. Ribeiro

A jornada para entender a origem dos nossos sintomas físicos e emocionais pode parecer, à primeira vista, desafiadora e até assustadora. Muitos de nós passamos uma vida inteira sem questionarmos o porquê de certas dores ou padrões se repetirem, e acabamos convivendo com essas questões como se fossem parte inevitável de quem somos. No entanto, quando conheci as Leis Biológicas, um novo horizonte se abriu diante de mim. As respostas que eu buscava estavam ali, esperando para serem descobertas, e vieram para transformar minha vida de uma maneira profunda.

Também conhecidas como Nova Medicina Germânica, as cinco Leis Biológicas nos capacitam a entendermos a história por trás de nossos sintomas. Segundo essas leis, toda doença ou sintoma é parte de um programa biológico especial com sentido inteligente, adotado por nosso cérebro em resposta a uma situação traumática, inesperada e brutal, vivenciada em solidão. Esse mecanismo tem a intenção de proporcionar tempo para resolvermos a situação e garantirmos nossa sobrevivência. Tal entendimento me permitiu olhar para a minha própria saúde de uma maneira completamente nova e ajudar minhas pacientes a compreenderem seus próprios sintomas.

Antes de conhecer as Leis Biológicas, minha prática era voltada exclusivamente para as terapias energéticas. Eu conseguia proporcionar alívio imediato e até mesmo uma definição dos sintomas, mas, com o tempo, percebia que muitos deles retornavam. Embora a energia fosse restaurada temporariamente, algo ainda faltava para promover uma transformação duradoura. Foi então que as Leis Biológicas se revelaram como a chave para preencher essa lacuna. Agora, além de tratar os sintomas, eu podia identificar a origem emocional de cada conflito, realizando um tratamento mais profundo e eficaz. Ao integrar esse conhecimento às terapias energéticas, passei a oferecer um suporte mais completo e duradouro, auxiliando no processo de cura e reparação de forma contínua e definitiva.

Foi durante a pandemia que percebi, na prática, o quanto era possível realizar atendimentos a distância com resultados profundos e transformadores. As Leis Biológicas me permitiam identificar com precisão a origem emocional dos sintomas e doenças, enquanto as terapias energéticas forneciam o suporte necessário para a liberação e reorganização dessa informação no corpo. Essa abordagem integrada se mostrou essencial não apenas para acelerar o processo de reparação, mas também para proporcionar alívio imediato em diversos níveis — físico, emocional e energético. Com o tempo, compreendi que essa combinação de técnicas não apenas potencializava os atendimentos individuais, mas também abria novas possibilidades de trabalho, permitindo que eu ajudasse um número maior de pessoas sem que elas precisassem sair de casa ou alterar suas rotinas. Essa percepção foi um divisor de águas em minha carreira, consolidando minha confiança no poder dessa união entre ciência e energia.

Em dezembro de 2022, surgiu em mim o desejo de expandir esse trabalho e contribuir ainda mais com a cura das mulheres. Queria proporcionar um acompanhamento mais próximo e contínuo. A ideia do formato em grupo nasceu para alcançar mais pessoas, potencializar os resultados e criar um espaço de apoio e fortalecimento mútuo.

Do desejo profundo de ajudar pessoas a se libertarem das amarras que as prendem à dor, ao sofrimento e aos ciclos repetitivos, nasceu o método ProgrAMAR-SE. Eu percebia que muitas mulheres que me procuravam estavam presas a padrões antigos e crenças limitantes, o que as impedia de alcançarem o que desejavam – fosse na saúde, nos relacionamentos ou na vida profissional e financeira. Essa desconexão com a própria verdade as impedia de viverem a vida gloriosa que realmente mereciam.

Muitas vezes, ouvimos que basta repetir afirmações positivas para transformar nossa realidade. No entanto, se no nível mais profundo ainda sentimos e acreditamos o contrário daquilo que afirmamos, essa repetição consciente não será suficiente. Se eu me sinto incapaz, e afirmo para mim mesma que sou capaz, sem corrigir a raiz dessa informação inconsciente, continuarei me sentindo incapaz. É necessário ir além da reprogramação superficial e resolver o conflito real que sustenta essa crença.

É exatamente nesse nível profundo que o ProgrAMAR-SE atua. No programa, identificamos conflitos e dificuldades enraizadas, desprogramamos crenças e padrões limitantes, removendo barreiras que impedem a transformação.

O ProgrAMAR-SE é um método que não só ajuda a entender sintomas, mas que também proporciona ferramentas para liberá-los e transformá-los em um recurso de crescimento e evolução. A transformação acontece de forma profunda e eficiente, integrando o conhecimento das Leis Biológicas e das terapias energéticas, permitindo que cada pessoa acesse uma nova realidade, com mais leveza, liberdade e equilíbrio.

Esse programa não é apenas sobre entender as Leis Biológicas. Ele é sobre reconectar-se com a própria essência, limpar crenças e padrões que bloqueiam o nosso potencial e se permitir viver de forma mais leve e plena.

O ProgrAMAR-SE é estruturado de forma a permitir uma imersão profunda nas áreas da vida que mais necessitam de transformação. Uma das primeiras etapas do programa envolve a identificação de conflitos emocionais que estão por trás dos sintomas físicos e das dificuldades que as participantes estão enfrentando. Com as Leis Biológicas, conseguimos mapear esses conflitos e compreender de onde eles vêm – muitas vezes são memórias ancestrais, crenças herdadas ou experiências traumáticas do passado que ficaram "presas" e se manifestam de forma inconsciente.

A identificação desses conflitos é essencial para a liberação. Afinal, só podemos curar aquilo que compreendemos. E não se trata apenas de identificar um conflito em si, mas de qual área da vida está sendo impactada por ele. Por exemplo, uma pessoa que enfrenta fadiga, procrastinação e exaustão pode estar com um conflito na glândula suprarrenal, que reflete a sensação de não saber mais em que direção ir – tanto na vida pessoal quanto profissional. Esse conflito é muitas vezes relacionado a uma dificuldade de fazer escolhas e ao que chamamos de "direcionamento de vida". Ao compreender a origem desse bloqueio, a liberação se torna muito mais poderosa.

A grande beleza das Leis Biológicas é que elas nos permitem entender como as emoções e os sentimentos se conectam diretamente ao nosso corpo. Não se trata de um corpo que reage de forma isolada, mas de uma integração profunda entre mente e corpo. O processo de liberar esses bloqueios corrigindo a informação é o que permite às pessoas se libertarem dos sintomas e de padrões que, muitas vezes, se repetem por décadas.

Em pouco mais de dois anos, com as 21 turmas do ProgrAMAR-SE, testemunhei transformações incríveis — um verdadeiro reflexo da importância de identificar a origem de nossos conflitos e promover a liberação necessária para uma vida mais leve e alinhada. Ao longo do programa, vi mulheres liberando não apenas os sintomas físicos, mas também suas limitações emocionais, suas crenças limitantes e seus medos. O resultado foi uma vida mais leve, mais saudável e com uma maior clareza sobre o que realmente desejam alcançar.

Por exemplo, uma participante enfrentava sérias dificuldades em se comunicar, o que impactava tanto sua vida financeira quanto seu relacionamento. Ela evitava conversar com o marido sobre suas questões financeiras, acreditando que precisava se virar sozinha, e isso a levou a acumular dívidas e a carregar um peso emocional enorme. Durante o programa, ela conseguiu identificar e liberar os conflitos que causavam essa dificuldade, conseguiu se expressar com mais clareza e pediu ajuda sem se sentir culpada. Com isso, fortaleceu sua relação com o marido. Juntos, encontraram soluções para as dificuldades financeiras, e, além de quitar suas dívidas, ela conseguiu uma renda extra, trazendo mais estabilidade e leveza para sua vida.

Esse é apenas um exemplo de como o ProgrAMAR-SE ajuda a liberar o potencial em cada um de nós, muitas vezes, porém, "preso" por conflitos biológicos, emoções mal resolvidas e padrões repetitivos. A transformação não é apenas sobre eliminar sintomas, mas sobre se reconectar com a verdade interior e se permitir viver de acordo com ela.

A verdadeira transformação começa quando decidimos olhar para dentro de nós mesmos e reconhecer que somos os únicos responsáveis pela nossa vida e pela nossa saúde. Não se trata de esperar que algo de fora nos salve, mas de assumir o comando da nossa jornada e fazer as mudanças necessárias para alcançar a vida que desejamos.

As Leis Biológicas não só me proporcionaram um novo olhar sobre a origem dos meus sintomas, como também me capacitaram a criar o ProgrAMAR-SE. Ao integrar esse conhecimento com as terapias energéticas, desenvolvi um método transformador que liberta não apenas os sintomas, mas todo o potencial adormecido em nós. Essa jornada me transformou profundamente, permitindo-me viver com mais leveza, autenticidade e propósito, e construir minha vida gloriosa.

O ProgrAMAR-SE é, para muitas mulheres, um portal de mudança e evolução. Ao identificarmos e liberarmos as crenças, os bloqueios e as emoções que limitam nossa capacidade de ser e de viver, damos o primeiro passo para uma vida mais gloriosa, mais leve e mais próspera. E, como terapeuta, sinto-me honrada em acompanhar cada um desses processos de transformação, sabendo que, ao ajudar as pessoas a se libertarem de seus conflitos internos, estou contribuindo para um mundo mais saudável e consciente.

Se você se sente chamada a viver essa transformação, o ProgrAMAR-SE está aqui para auxiliá-la. Convido você a se juntar a essa revolução interna; a se libertar das amarras do passado e a construir uma nova realidade, na qual cada dia é um passo em direção à sua melhor versão. Afinal, a transformação verdadeira começa dentro de você.

“A verdadeira transformação não se relaciona apenas a eliminar sintomas, mas a se reconectar com sua verdade interior e viver de acordo com ela.”

Agnes W. Ribeiro

Ana Carolina Nogueira

Sou Ana Carolina Nogueira, fisioterapeuta e terapeuta em Leis Biológicas.

Sempre busquei estudar e compreender as diferentes respostas que os indivíduos atendidos por mim, enquanto fisioterapeuta, apresentavam. Nesse intuito de colaborar com a melhora de cada um, fui fazendo diversas formações, mas sempre me sentia incompleta.

Em um dado momento, tive contato com as Leis Biológicas e fiquei interessada nesse universo. Através da formação específica do Rafael Livramento, compreendi muito a meu respeito — a razão da minha busca incessante — e muito sobre o outro — suas percepções e o impacto em sua vida.

Hoje, consigo perceber melhor que, de fato, a relação corpo e mente precisa ser acolhida com muito zelo e responsabilidade.

ana.carolina.terapias

2 OS PÉS COMO EXPRESSÃO DAS NOSSAS ESCOLHAS DE VIDA

Por Ana Carolina Nogueira

Acreditava que ser médica era a única maneira de ajudar o outro a superar suas dificuldades. Em um momento crucial, a Fisioterapia me foi apresentada e pude enxergar um caminho a ser percorrido. Compreendi que diversas são as formas de "cuidar do próximo". Estabeleci para mim que dedicação, qualidade e empenho seriam meu norte. E assim a vida foi seguindo.

À medida em que estudava, buscava novas formações, agregava conhecimento — pois sempre estava insatisfeita com a evolução clínica de alguns indivíduos — observava a melhora de uns e a estagnação de outros.

Onde estava o grande segredo que possibilitava o progresso ou não dos casos abordados? O problema estava em mim como profissional, na dificuldade técnica, falta de conhecimento, dentre outras possibilidades, ou no cliente que de uma forma ou de outra não podia atingir um estado de equilíbrio/homeostase suficiente? Qual seria a razão disso e de que forma eu poderia avançar para ofertar o melhor para quem tivesse contato comigo?

Essa situação me fazia passar por cursos sem fim. E de uma forma que eu mesma comecei a perceber que não seguia mais um padrão de naturalidade.

Nessa empreitada, cheguei à formação em Acupuntura. Todas aquelas informações me possibilitaram enxergar ainda mais o próximo, em um viés diferenciado de integralidade. Equilíbrio/desequilíbrio energético, reflexos do emocional no físico; saúde, bem-estar e qualidade de vida; alimentação adequada; mente fluida. Esses e outros aspectos variados de uma medicina milenar se apresentavam e chegavam às minhas mãos trazendo muita satisfação.

Mesmo que o indivíduo não estivesse ali comigo para ser tratado com acupuntura, meu olhar estava cada vez mais apurado para as outras formas de compreender o outro e de me satisfazer em relação ao questionamento maior de êxito ou não.

Por um tempo fiquei aliviada. Até que, em razão de algum gatilho, voltei àquele estado de que eu precisava de mais e mais. Nesse processo de suprir minhas demandas, cheguei ao contato com as Leis Biológicas. Até aquele momento, esse era um campo desconhecido por mim, porém com um fundamento de grande valia. Abriu-se a perspectiva de que eu precisava dessa ferramenta para compor meu repertório terapêutico ou pelo menos meu raciocínio clínico.

Eis que o Rafael Livramento, amigo de infância e profissional muito bem gabaritado, havia se formado em Leis Biológicas. Em dado instante, fiquei sabendo que ele estava lançando sua primeira turma de formação em Leis Biológicas. Momento propício, localização adequada e um combustível para a eterna buscadora. Precisava me satisfazer com mais esse curso. Logo matriculei-me na formação "Noções da Existência". No primeiro dia de aula, respondi que estava ali pelos meus pacientes. Já no último, destaquei que tinha compreendido muito de mim e que estive ali, dedicando-me àquele estudo tão natural, fluido e aceitável, por mim.

Tudo isso é como um pano de fundo para que eu possa fazer um destaque dentre os diversos conflitos aqui envolvidos. Poderia discorrer sobre desvalorização, conflito de identidade, dentre outros. Porém, o que trago aqui é uma situação da qual me recordei, que eventualmente me ocorria, de forma espontânea e não incapacitante: desconforto no pé.

Quando estava no meu último ano de pré-vestibular, já esgotada por não alcançar meu objetivo e percebendo que precisaria mudar a rota, um gentil colega me apresentou a Fisioterapia de uma forma muito apaixonante. Percebi que de fato, era um mundo até então vagamente conhecido por mim. Abri minha mente e meu coração e verdadeiramente compreendi que fisioterapeuta é o que eu sempre quis ser, porém, com olhos infantis, não sabia disso. Nessa época, tive uma dor no pé, teoricamente inexplicável. Não perdurou. Fui aprovada em duas universidades. Dei início na que havia liberado o resultado primeiro. Ao final do primeiro semestre, fui convocada pela Universidade Federal de Juiz de Fora, meu sonho e satisfação. E agora, o que fazer? Acompanhada de uma dor entre o quadril e o fêmur, em uma semana estava me apresentando no novo *campus*.

A dor no pé não era constante, mas sempre surgia naqueles momentos mais marcantes, em que eu buscava por mais cursos, em que desejava me aprimorar mais, quando precisava me entregar mais por meus clientes. "É hora de mais um curso? Onde estou em falta? Esse, realmente, é o caminho correto para facilitar a recuperação de tal pessoa? O que preciso mudar? O que preciso fazer? Onde está a solução?".

Os pés, além de serem nossa sustentação, estão relacionados à mobilidade. De forma geral, é por meio deles que fazemos nossos deslocamentos e avanços. Colocamos firmeza em nossos passos; tomamos decisões; seguimos nosso caminho, pessoal ou profissional. Ou não. Na interpretação das Leis Biológicas, o pé traz a informação de desvalorização da noção de deslocamento e direcionamento de vida. Tudo se encaixando brilhantemente na minha história.

As Leis Biológicas agregaram conhecimento e me trouxeram uma responsabilidade extra de ser terapeuta em Leis Biológicas. Sigo nas duas posições. E, conforme a necessidade do cliente, posiciono-me de uma maneira ou de outra.

Sobre a dor no pé: nunca mais senti.

Certa vez, recebi uma paciente com dor no pé, para fazer seu tratamento fisioterapêutico. Feita uma primeira abordagem e com os recursos adequados ao caso e orientações para o domicílio, iniciamos o processo de recuperação.

Era uma dor persistente, de longa data, sem motivo aparente. Alguma alteração postural e sobrepeso, nada que justificasse a presença daquela dor tão intensa. O que mais intrigava a própria paciente é que ninguém conseguia justificar aquela dor. Já havia realizado exames de imagem e passado por diversos médicos. Não se achava um sentido para aquilo até então. Ela só sabia que precisava se livrar daquele transtorno que tanto a impedia de caminhar livremente, de ir aonde quisesse sem ter que pensar no quanto já estava doendo e no quanto ainda poderia doer. Limitada a sapatos que lhe dessem maior conforto, mesmo que não tão bonitos — segundo ela. Gostava de dançar e queria fazer uma atividade física, tal como caminhada, e o pé doía insistentemente.

Seguimos por mais uns dois ou três atendimentos e nenhum alívio era alcançado. Toda uma expectativa por parte da cliente mesmo que ainda em um período muito curto do tratamento. Sempre muito carinhosa, sem manifestação de cobrança ou questionamento profissional a meu respeito. Mantinha sua rotina e seu tratamento, tanto fisioterapêutico quanto farmacológico. Seguia as orientações passadas. Posicionou-se descrente de bons resultados.

Em uma conversa informal, essa pessoa, a qual chamarei de X, comentou que seu único filho estava morando distante. Apesar de já ser adulto, quando ele foi embora da cidade, convidou a mãe para também desfrutar das maravilhas da nova cidade já que ela havia gostado tanto do novo local quando esteve em visita ao filho. Teoricamente, nada a segurava na cidade originária. Sem emprego formal, sem vínculo em termos de relacionamento amoroso. Fui enveredando por sua história. Sua família sempre permaneceu na mesma cidade mesmo que recebesse propostas interessantes. Maiores passos nunca foram dados. Moravam todos na mesma cidade, sempre próximos uns dos outros e codependentes. Seus familiares não almejavam muito. Tinham sustento suficiente, não passavam necessidade e sempre estiveram satisfeitos assim. Ou não. Não estudaram muito, não foram além.

A própria X era uma pessoa de escolaridade regular, bem esclarecida e que gostaria de ter novas experiências de vida. Gostaria de ver as coisas que o mundo tem para oferecer, viajar, desfrutar de sua liberdade. Do mesmo modo, sentia que permanecer na cidade natal era o mais seguro. Era onde todos estavam. O único que tinha tomado outro rumo era o filho, visto por toda a família como o "menino corajoso". Diversas vezes, X comentou com os irmãos que pensava em ir para a mesma cidade do filho, não para estar agarrada nele (apesar de poder ser uma possibilidade no inconsciente), mas por ter gostado tanto do lugar promissor, interessante culturalmente e repleto de novas experiências. Mas sempre recebia um reforço para permanecer unida a todos os familiares e um belo apoio — nada motivacional — reforçando um retorno breve do filho; de que ele não aguentaria lá por tanto tempo, e que juntos aos seus era o seu lugar.

O tempo passou, e a dor persistiu. Seu filho estava cada vez melhor estabelecido na nova cidade, quebrando barreiras, vencendo distâncias, mas X se sentia cada vez mais triste, incomodada, deslocada em relação à família e a ela própria. Não tomava qualquer decisão, apenas era levada pelos dias. Um serviço aqui, outro ali, nada a preenchia suficientemente. E toda vez que cogitava uma reviravolta, precisava cuidar de um sobrinho, um afilhado ou qualquer outra pessoa. Era assim que sua família vivia, repetindo padrões e exigindo permanência. Todos assim cumpriam seus papéis e, segundo ela, funcionava para todos.

Fiz algumas intervenções cabíveis, alguns apontamentos específicos à natureza do que estava sendo relatado, alguns questionamentos relevantes ao caso. Ela foi observando alguns aspectos de forma muito emocionada. Solicitei que refletisse em casa. Assim ela o fez. Sua dor aumentou nos dias seguintes. No próximo atendimento de fisioterapia, ela faltou. Então, somente nos vimos duas semanas depois. A dor no pé não existia mais. Uma decisão havia sido tomada e sua passagem para uma nova oportunidade de vida estava comprada.

Apesar de ter me identificado pessoalmente e profissionalmente com as Leis Biológicas, não fiz uma transição de carreira. Farei um dia? Não sei! A Fisioterapia conforme me é possibilitada a ser exercida, com dignidade, respeito, dedicação e muita terapia manual, satisfaz a minha decisão.

BIBLIOGRAFIA

LIVRAMENTO, R. Curso "Noções da Existência", 2019.

“Estarmos verdadeiramente presentes nos possibilita caminhos extraordinários.”

Ana Carolina Nogueira

Bruna Neri

Sou Bruna Neri. Sou terapeuta integrativa e ajudo pessoas a compreenderem a origem dos seus sintomas e comportamentos. Utilizo diversas ferramentas, sendo as cinco Leis Biológicas o alicerce do meu trabalho. Acredito que o fio condutor entre psique, cérebro e órgãos revela a conexão entre experiências vividas, respostas do inconsciente e o corpo. Em 2016, fui diagnosticada com esclerose múltipla, o que transformou minha percepção sobre mim e meu corpo. Hoje, sem sintomas, entendo que a forma como vivemos e percebermos nossa história impacta nossa biologia.

Minha paixão é desvendar esse quebra-cabeça e oferecer uma nova percepção. Atendo on-line e presencial em São Paulo/SP, auxiliando quem busca ressignificar desafios com mais consciência e leveza.

bruna.neri.terapeuta

bruna.neri.terapeuta@gmail.com

Códigos da EXISTÊNCIA

3 O QUE NÃO DEU TEMPO NA SUA VIDA? A TIREOIDE CONTA

Por Bruna Neri

Você sente que está sempre correndo contra o tempo? Como se algo precisasse ser feito, dito ou resolvido, mas faltassem tempo, coragem ou até mesmo permissão para viver certas experiências? Agora, pare por um instante e se pergunte: e se o seu corpo estivesse lhe informando exatamente sobre isso? A tireoide é uma pequena glândula no pescoço, mas sua influência no corpo é imensa. Ela regula o metabolismo e define o ritmo do organismo e, quando algo não vai bem, é como se esse relógio interno acelerasse ou desacelerasse de forma descontrolada. Mas será que essa desregulação acontece apenas por fatores físicos?

Muito mais do que uma simples glândula, a tireoide é um marcador do nosso tempo interno, influenciado por cada pensamento e movimento. Silenciosamente, ela mantém o equilíbrio metabólico e pode revelar muito sobre como vivemos.

Se pensarmos no corpo como uma orquestra, a tireoide seria o maestro responsável por ditar o ritmo da música. Quando tudo está em harmonia, cada instrumento entra no momento certo, criando uma melodia equilibrada e fluida. Mas e se, de repente, o maestro começasse a acelerar demais o compasso, tornando a música frenética e descontrolada? Ou, ao contrário, se ele desacelerasse tanto que os músicos perdessem o tempo e a música ficasse arrastada e sem vida?

É exatamente isso que acontece no nosso corpo quando a tireoide sai do equilíbrio. Quando ela funciona rápido demais, sentimos um turbilhão de energia que nos impulsiona a agir sem descanso. Quando desacelera, o corpo fica lento e cansado. Mas será que esses sintomas aparecem por acaso? Se olharmos além da fisiologia, dentro das cinco Leis Biológicas, constataremos que os sintomas não surgem aleatoriamente, mas como respostas adaptativas a conflitos vividos em que sentimos medo, impotência e solidão.

No caso da tireoide, esses conflitos estão diretamente ligados ao tempo, à urgência, à sensação de precisar agir rapidamente diante de uma ameaça ou situação, mas sente que está impotente para mudá-la ou resolvê-la. É um momento em que sabemos que algo precisa ser feito, mas não conseguimos dar conta daquilo no tempo que acreditamos ser necessário. Essa percepção pode vir acompanhada de um sentimento vivido de forma intensa, inesperada e sem solução imediata, e o corpo responde como pode para se adaptar e nos ajudar a lidar com essa experiência.

Quando o corpo acelera demais: o conflito da urgência

O hipertireoidismo não é um erro do corpo, mas sim uma estratégia biológica para nos ajudar a recuperar o "tempo perdido". Nosso organismo age de acordo com as nossas percepções e, se por algum motivo, sentimos uma necessidade extrema de rapidez, seja para tomar decisões, resolver problemas ou atender expectativas, a biologia pode responder acelerando o metabolismo. É como se o corpo dissesse: "Corra! Não há tempo a perder!". Esses padrões não surgem do nada. Muitas vezes, estão profundamente enraizados na nossa história de vida e podem ser ativados por momentos específicos. Quando sentimos que precisamos correr atrás de algo, como oportunidades, reconhecimento, pendências não resolvidas, nosso organismo ativa essa estratégia para garantir energia e velocidade. A sensação de estar constantemente correndo contra o tempo pode ser tão intensa que a pessoa não consegue relaxar. Talvez venha de uma infância na qual tudo precisava ser resolvido imediatamente, sem espaço para pausas, ou de uma vida marcada por perdas e desafios, que ensinaram que quem demora demais pode perder oportunidades, ou até por uma estratégia de sobrevivência, na qual, em algum momento da vida, acelerar foi a única opção. Seja qual for a origem, o corpo registra essa programação e, na tentativa de ajudar, mantém a pessoa em um estado de alerta constante.

Quando o corpo puxa o freio: a resposta do hipotireoidismo

Ninguém consegue viver correndo para sempre. Depois de um longo período de aceleração e estresse, o organismo toma a decisão de reduzir o ritmo, e é assim que surge o hipotireoidismo. Como uma estratégia biológica de proteção, ele desacelera o metabolismo para preservar energia e permitir a recuperação. Isso acontece porque o corpo entra em uma fase de reparação, buscando restaurar o equilíbrio após um longo tempo de esforço e urgência. É como se ele dissesse: "Resolvido, vamos precisar parar". Essa resposta pode surgir depois de o corpo ter ajudado você a dar conta de tudo, mantendo um estado de alerta constante por muito tempo. Quando o ciclo de urgência finalmente se resolve, o organismo compreende que não precisa mais manter o metabolismo acelerado e inicia esse processo de recuperação, reduzindo sua atividade para promover descanso e reparo. Esse mecanismo, embora muitas vezes desconfortável, é uma forma biológica de garantir que o corpo se reorganize.

Preso no ciclo: quando o corpo alterna entre hiper e hipo

O corpo continua tentando encontrar um equilíbrio, mas a raiz do conflito que originou a resposta, ainda não foi completamente tratada. Nos momentos de urgência, o hipertireoidismo se manifesta, acelerando tudo para atender às demandas. Quando o conflito é resolvido, o corpo desacelera drasticamente, trazendo o hipotireoidismo e nos obrigando a parar. Mas, em vez de uma resolução profunda, voltamos a sentir que precisamos correr novamente, e o ciclo reinicia.

Para romper esse padrão, é essencial identificar qual parte da sua história ainda está presa na necessidade de acelerar. Pergunte-se: o que ainda preciso resolver? O que ainda não se expressou ou foi vivido plenamente? Quando olhamos para esses pontos com consciência, conseguimos transformar nossa relação com o tempo e permitir que o corpo finalmente encontre um novo ritmo, sem precisar mais oscilar entre extremos.

A profundidade da tireoidite de Hashimoto

A tireoidite de Hashimoto apresenta uma dinâmica mais profunda, acontecendo quando o conflito original foi resolvido, mas o corpo ainda carrega diferentes "facetas do conflito". Isso significa que, mesmo após a percepção de que não há mais necessidade de "correr atrás do tempo", os medos antecipativos continuam ativos. Quando finalmente alcançamos uma resolução, seja emocional ou prática, a tireoide responde entrando em um processo de reequilíbrio, mas encontra obstáculos para estabilizar seu funcionamento. Esse padrão pode surgir quando a pessoa resolve uma questão, mas, ao mesmo tempo, continua enfrentando desafios que reativam a resposta biológica.

Por exemplo, uma pessoa que passou anos se esforçando para ser promovida no trabalho, talvez buscando reconhecimento, avanço na carreira ou até validação externa, pode alcançar uma posição de estabilidade. Porém, ao mesmo tempo, essa conquista pode vir acompanhada de um medo profundo de perder o que foi conquistado, ou do sentimento de que não merece estar onde está. Esse medo é alimentado por percepções do passado ou pela pressão interna, o que pode gerar um eco de inseguranças no corpo. Esse ciclo pode levar a uma constante sensação de que algo ainda está faltando, ou que algo pode ser perdido a qualquer momento. Compreender a Hashimoto nessa perspectiva permite enxergar que não se trata de um "ataque" do próprio corpo, mas sim de uma resposta biológica a essas emoções conflitantes e a esse medo de fragilidade.

Eu mesma vivi uma experiência com a Hashimoto que me ajudou a compreender melhor o que estava por trás dos sintomas. Durante a pandemia, vivi um período de intenso estresse, lidando com crises familiares e dinâmicas que pareciam sempre exigir mais de mim. A sensação de correr contra o tempo, tentando dar conta de tudo, misturava-se a uma impotência, como se, por mais que eu me esforçasse, nada era suficiente. Meu corpo seguiu essa lógica. Eu estava em um estado de alerta constante, movida pela necessidade de resolver, organizar e sustentar as situações ao meu redor. A solução que encontrei naquele momento foi a fuga, e optei pela separação. Um passo que representou uma virada, rompendo aquele ciclo de urgências e demandas.

Com o tempo, as coisas se acalmaram, a pandemia passou, e eu e meu companheiro trabalhamos juntos na transformação da relação.

Porém, o medo do que poderia acontecer ainda estava presente, com outros conflitos internos permanecendo latentes em mim. "Será que minha decisão de romper com aquele ciclo foi a melhor escolha? E se voltarmos e nada mudar? Será que tomei a decisão certa? E se eu perder de novo?". Foi exatamente nesse momento que veio o diagnóstico de Hashimoto. O conflito havia sido resolvido, minha tireoide não precisava mais acelerar para me ajudar a lidar com as expectativas ou desacelerar, mas meu corpo ainda oscilava. O medo das decisões tomadas ainda reverberava. Acompanhei de perto esse processo, sempre monitorando minha saúde.

No final de 2024, ao refazer meus exames, veio a surpresa: a Hashimoto não estava mais ali. Havia uma pequena alteração, mas a condição, como antes descrita, não aparecia mais. Não havia mais perigo, meus conflitos foram ressignificados de forma que meu corpo não precisava mais lidar contra os meus medos.

Nosso corpo é sábio e nunca age contra nós. Cada sintoma é uma expressão da nossa história, um reflexo das nossas percepções, desafios e momentos de transformação. Se seu corpo pede pressa, qual parte da sua história você sente que precisa recuperar o tempo perdido? Se ele desacelera, o que, dentro de você, finalmente encontrou permissão para parar? E se, em vez de lutar contra os sintomas, começássemos a escutá-los? É importante lembrar que o corpo não responderá necessariamente com uma patologia. Cada indivíduo lida de forma única com seus desafios, e o organismo pode buscar diferentes formas de equilibrar o que está vivenciando.

O convite, não consiste apenas em tratar o que aparece no corpo, mas em compreender o que ele quer dizer. No fim, o sintoma não é o inimigo, é a mensagem. E quando deciframos essa mensagem, damos a nós mesmos a chance de ressignificar nossa história e encontrar um novo equilíbrio.

"Nosso corpo é
como um livro vivo,
escrito por nossas
histórias e emoções,
em que cada
capítulo revela uma
parte de nós
que precisa
ser compreendida."

Bruna Neri

Carolina Lago

Sou Carolina de Paula Santos Lago. Moro em Atibaia/SP e sou filha de Regina e Enivaldo, meu sistema familiar e a quem honro muito. Sou irmã, esposa e mãe apaixonada.

Minha formação de base é a Fisioterapia, pois sempre amei cuidar de pessoas. Atualmente sou terapeuta por vocação. Através das técnicas integrativas, pude — mais do que cuidar dos outros — trilhar o meu caminho rumo ao autoconhecimento.

Hoje, atuo com a microfisioterapia (TME) e com as Leis Biológicas, com a certeza de que a transformação do ser humano ocorre de dentro para fora.

As Leis Biológicas compõem uma técnica na qual identificamos a raiz dos sintomas emocionais, e me sinto realizada por desempenhar meu trabalho com o uso de uma ferramenta tão assertiva. Conheça mais sobre esse processo de tratamento em minhas redes sociais.

carollago_terapiasintegrativas
carolinalago.com.br

4 AS LEIS BIOLÓGICAS E A RELAÇÃO ENTRE MÃE E FILHO

Por Carolina Lago

Inicio meu capítulo proclamando que honro a vida da minha mãe e de todo o meu clã. Nada mais simbólico e representativo para começar esse texto, no qual quero compartilhar, pelo olhar biológico, o significado da mãe no mundo e a visão também biológica da relação mãe-filho.

Bem, quando comecei meus estudos na área integrativa, logo desenvolvi muita curiosidade sobre as Leis Biológicas. E foi durante o meu processo de formação em microfisioterapia que uma colega me indicou o curso Noções da Existência, com o professor Rafael Livramento. Assim que ingressei no curso e iniciei minha formação com ele, rapidamente me surpreendi, pois jamais esperava que seria tão prazeroso estudar esse tema. Em muitos outros cursos dos quais participei não demonstrei o mesmo grau de interesse, mas o estudo das Leis Biológicas despertou em mim uma sensação diferente. Senti como se tivesse encontrado um pote de ouro, pois pude perceber a cada dia o imenso valor e relevância contidos nesse conhecimento. Sou eternamente grata ao meu mentor, Rafael Livramento, por toda a experiência e todos os *insights* compartilhados. O curso foi um divisor de águas em minha vida pessoal e profissional.

Eu sempre tive muito medo de me expor e de falar em público. Por inúmeras vezes, em diversas circunstâncias, não fiz as perguntas que deveria por pura insegurança. Estudar o método "Noções da Existência" me fez querer entender qual seria o perigo oculto que sentia sempre que precisava me expor e me expressar. Investigando a história da minha vida, descobri que, quando eu era apenas um embrião, minha mãe, ainda muito jovem e cheia de medos, escondeu sua gravidez. Ela, insegura, caçula de uma família tradicional e conservadora, engravidou inesperadamente e o único pensamento naquele momento foi manter sigilo. Esse momento ficou caracterizado em mim como uma espécie de rejeição e acabou por desenvolver uma série de outros conflitos que até hoje precisam ser trabalhados em minha vida. Para ela, foi um mecanismo de proteção, mas, para mim, foi um evento que me fez viver sempre em um modo de sobrevivência, pois esse foi o perigo que minha memória registrou.

Essa compreensão foi sendo construída durante o curso, no qual pude ter discernimento sobre os fatos, e tudo começou a fazer mais sentido para mim. Aos poucos, fui trabalhando minhas memórias e ajustando meu entendimento de que não é possível apagar o que vivi, mas é possível tratar o modo de resposta biológica gerado por esse evento.

Após concluir o curso, consultei-me com o Rafael e finalmente percebi que não havia mais perigo em aparecer ou me expressar. Foi a partir daquele momento que surgiu a ideia desse capítulo: falar sobre a função biológica da mãe.

Compreender a função biológica dos pais nos ajuda a entender nossas percepções familiares. Antes de nascermos, nossos pais têm medos, dificuldades, limitações e conflitos já instalados e que nos são transferidos no nascimento. Essas limitações e conflitos muitas vezes não têm a ver com a criança, mas sim com a herança recebida dos pais. Portanto, diferentemente do que muitos podem pensar, quando nascemos não somos uma página em branco, pelo contrário, as crianças são como esponjas, que captam tudo em seu entorno.

Como crianças, o que nós naturalmente esperamos é que nossos pais cumpram o papel biológico, sendo a mãe — território feminino — o **ninho**, e o pai — território masculino — a **proteção**. Nascemos em um ninho, onde a mãe deve nutrir e acolher o filho, e quando não há o fiel cumprimento desse papel biológico, isso nos dá a percepção direta de perigo, o que pode ser manifestado de diferentes maneiras por cada pessoa como noção de abandono, dificuldade de encontrar um lugar emocionalmente confortável, conflito de identidade, entre outros. Quando a nossa sobrevivência está em perigo, buscamos, como um recurso, agradar a todos; temos dificuldade em dizer não e de tomar decisões, porque só queremos e precisamos sobreviver. "Quando os pais estão presentes na vida da criança ela se sente alimentada e protegida, gerando uma noção de pertencimento que é capaz de levá-la a realizar tudo aquilo que ela deseja em sua vida" (Livramento, 2023).

Por muitos anos, trabalhei em uma UTI neonatal e sempre ficava pensando sobre o porquê de cada história. Hoje, eu consigo entender com muito mais coerência o que cada mãe passou ali. O quanto aqueles bebês perderam a percepção de ninho e se sentiram em perigo, com tantos estímulos, perdendo tanto de sua primeira referência de contato com a mãe? Esses bebês levarão para a vida uma sensação de abandono, de não ter o seu lugar, um conflito de separação e desvalorização. Já atendi algumas crianças que ficaram longe da mãe nesse primeiro instante de vida e pude constatar na prática o quanto isso trouxe de bagagem na memória.

Em meus atendimentos a crianças com até 7 anos, normalmente realizo um primeiro atendimento com a mãe, pois nessa primeira janela de vulnerabilidades, as crianças podem ter sintomas emocionais de experiências vividas por elas mesmas ou esses sintomas podem estar em ressonância com as emoções vividas pela mãe, o que é muito comum. A conexão mãe e filho é muito forte, o que significa que o bebê pode sentir aquilo que a mãe sente. Por isso, é sempre importante investigar o DHS (*Dirk Hamer Syndrom*, ou Síndrome de Dirk Hamer), que é um impacto inesperado que não pode ser evitado, para entender o que aconteceu com a mãe e com a criança, considerando também o período gestacional.

Outra questão interessante e que também vale destacar é que o bebê, quando sai do útero, tende já a resolver alguns conflitos maternos. "A mãe é o primeiro arquétipo da nossa psique, ou seja, a figura que molda como entendemos o mundo" (Jung, 1934, p. 123). Para exemplificar um pouco isso, gostaria de descrever um atendimento recente a uma mãe que me procurou para atender seus filhos gemelares. O primeiro passo foi pedir que ela viesse para uma sessão antes do atendimento aos filhos. Ela, uma mulher destra em sua energia de base cortical, que é a maneira que funcionamos e que expressamos nosso comportamento. Ela estava em Pat Hormonal, ocasião em que a pessoa funciona na energia oposta à energia de base dela.

Nesse caso, ela estava na energia masculina, e me relatou que na juventude nunca quis engravidar. Ao verificar sua história, constatei que ela nasceu por fórceps e sempre teve a imagem distorcida do corpo. Foi criada por uma mãe solo, em uma família na qual os homens não tinham um lugar, gerando assim, uma dificuldade com o masculino. Quando sentiu vontade de engravidar, já estava com idade avançada e a única opção foi uma fertilização *in vitro* (FIV).

O próprio procedimento de FIV já é um alerta de perigo de procriação para esse clã.

Ao fazer o procedimento, ambos os embriões vingaram e a gravidez foi saudável. Porém, no pós-parto, essa mãe teve um sangramento que fez com que ela e os filhos ficassem separados, impedindo-a de amamentá-los. As queixas que fizeram com que ela me procurasse para o atendimento foram: um filho tem insônia e o outro vive irritado. Quando investiguei a história pelas Leis Biológicas, identifiquei que essa primeira noite longe da mãe colocou o gemelar 1 em uma noção de perigo muito grande. O parto foi à noite e, logo em seguida, o bebê já ficou em uma UTI neonatal longe da mãe, o que fez com que essa criança se sentisse sozinha e, atualmente, faz com que ela viva em constante alerta por um conflito de separação. Para essa criança, dormir é perigoso, pois no sono ela se sente desconectada da mãe. Trabalhei com essa família de forma individual e, através das sessões, conquistamos a melhora do sono do primeiro gemelar, quando validei a ele a informação de que não é mais necessário ficar em alerta à noite, pois aquela memória pertence ao dia do nascimento, e hoje temos outra situação, na qual a mãe está presente.

O segundo gemelar tinha uma irritação de difícil controle e identifiquei sua dificuldade de ter um lugar no clã. Ele, sempre muito irritado com a mãe, demonstrava uma necessidade de ser visto por ela. A dificuldade de lugar dele derivava do fato de pertencer a uma família que, de forma inconsciente, excluía o masculino. A busca na história do paciente de forma correta e assertiva traz à tona as memórias e ressignificações certas. Passei algumas orientações para essa mãe e pedi a ela para contar aos filhos a história de sua gestação, parto e dificuldades, sempre enfatizando que hoje eles podem se sentir seguros e amados diante de todo o processo. Essa é uma das formas que mais gosto de trabalhar no atendimento a crianças.

Também utilizo muito essa ferramenta em minha vida como mãe. Recentemente, para cuidar de uma dificuldade da minha filha, agendei uma consulta com o Rafael e fui de mente vazia, sem conclusões prévias ou direcionamentos. Durante a consulta, expliquei que a queixa era uma grande sensibilidade que ela tinha nos olhos, que a impedia de tomar banho com a água caindo em sua cabeça e que isso estava atrasando o desenvolvimento dela nas aulas de natação. Durante a consulta, realizada remotamente, ela esteve presente em alguns momentos e o incrível foi que, quando estávamos falando sobre o parto dela e o que poderia estar trazendo essa memória, ela entrou no cômodo onde eu estava, tropeçou e chorou bastante. Foi como se aquilo remetesse à memória dela do dia do parto, quando havia uma grande incidência de líquido amniótico em seus olhos. Então, contei a ela toda a história do dia do nascimento dela e deixei bem claro que aquilo não trazia mais riscos. Um tempo depois, pude ver minha filha mergulhando e sem aquele pânico de deixar a água entrar em contato com os olhos. Eu não resisti ao processo, confiei e segui. Muitas coisas em sua vida podem clarear quando você entende sua história, seus sintomas e sua função na família.

Minha intenção com esse breve capítulo é trazer a consciência para as mães ou cuidadores de que, no processo do sintoma, é necessário entender o que o corpo está querendo dizer. Hoje, diante de qualquer dificuldade da minha filha, paro e observo o que já vivi e como isso reflete nos sintomas dela. Confio e acredito que a relação mãe e filho vai sempre transcender as vivências.

BIBLIOGRAFIA

JUNG, C. *Os arquétipos e o inconsciente coletivo*. Obras Completas de Carl Gustav Jung. Petrópolis: Vozes, 2018.

LIVRAMENTO, R. Curso "Noções da Existência", 2023.

“A conexão mãe-
-filho é eterna
e constante,
transcende
as vivências.”

Carolina Lago

Carolina Vieira

Comunicadora por natureza. Terapeuta, mentora, escritora e professora do “Noções da Existência” — a formação em Leis Biológicas que mudou minha vida, na qual um dia me formei e hoje faço parte da equipe ministrando aulas.

Sou integrante ativa do único *Mastermind* em Leis Biológicas do país, um grupo com profissionais altamente capacitados cujo objetivo é levar transformação e as cinco Leis Biológicas a muitas pessoas. Assim, criei meu método: A Tríade.

Sempre interessada nas relações humanas, graduada em Comunicação Social e especializada em Leis Biológicas, sou extremamente capacitada para transformar vidas. Mas, principalmente, sou mãe da Manuela, meu amor, minha maior função no mundo.

Para saber mais sobre consultas, tratamentos e cursos, esses são meus contatos:

carolinavieira.1

+55 (11) 91371-5285

linktr.ee/carolina.vieira.1

Códigos da EXISTÊNCIA

5 O PODER DA COMUNICAÇÃO E A LIBERDADE DE EXPRESSÃO

Por Carolina Vieira

Você já se perguntou quais os elementos que diferenciam a espécie humana das outras espécies? Diante do modo "automático" que vivemos, se você não for muito questionador, não se fará essa pergunta tão facilmente.

Após iniciar minha formação em Leis Biológicas por meio do curso "Noções da Existência", perguntas como essa e tantas outras começaram a surgir de forma avassaladora em meu cérebro e ali encontrei todas as respostas.

Dentre todos aqueles questionamentos, esse me impactou grandemente, pois a característica mais clara e evidente que nos diferencia das outras espécies é a forma como nos comunicamos através da fala, do verbo.

A fala permite à humanidade expressar pensamentos, emoções, desejos, informações, colocar limites, manifestar a própria identidade.

A linguagem falada é uma particularidade da espécie humana e envolve uma combinação de sons, timbres e palavras permitindo aos seres humanos a interação; é um processo de troca de informações e influencia profundamente aspectos biológicos, emocionais e sociais.

Aparentemente, falar parece tão natural, não é mesmo? E quando sua fala, sua comunicação, sua expressão para o mundo podem ser perigosas? Quantas vezes você teve vontade de falar algo, de dividir uma informação, uma novidade, um acontecimento e, por medo, não o fez? É uma sensação terrível. Calar-se diante de uma situação que parece uma ameaça à sua sobrevivência. Um medo **biológico**.

Se você avaliar a situação em si, vai perceber que o momento em que se cala é apenas uma estratégia que seu cérebro está utilizando para protegê-lo(a) de algum momento já experienciado por você, no qual se expressar seria extremamente perigoso. E o cérebro repete o que ele já conhece, ele não faz distinção do que é bom ou ruim, do certo ou errado, só conhece caminhos neurais, estratégias de sobrevivência.

Você pode se perguntar: "Ah, então tudo que vivo é uma estratégia cerebral?". E a resposta é: sim. Até atualizar o cérebro de que aquela estratégia que ele utilizou um dia para que você sobrevivesse, hoje, mais o(a) atrapalha do que o(a) ajuda. Portanto, vamos entender esse processo da expressão biologicamente.

A laringe desempenha um papel fundamental na produção dos sons, e sua função é permitir a fonação e participar da respiração, principalmente no momento da inspiração, pelo afastamento das cordas vocais. Logo, a laringe é essencial no processo da fala e da comunicação. Quando se percebe algum risco em separações ou conflitos territoriais vividos na energia feminina, e isso se apresenta como um medo frontal muito intenso, de pavor — no qual o perigo está sobre o ser e não se pode reagir —, a estratégia é não emitir nenhum barulho, nenhum som detectável pelo "suposto" predador, e passar despercebido, em silêncio, para não haver combate e, assim, garantir a sobrevivência. Nesse contexto, nada deve permitir que a presença seja detectada, pois a ameaça está muito perto.

Como já esclarecido, o órgão responsável pela nossa comunicação é a laringe. Ela é diretamente impactada quando essas situações são percebidas como risco à vida. Agora, imagine como reage a laringe diante de uma ameaça tão intensa.

Sem poder emitir sons, sem poder se comunicar, sem poder se expressar. A voz silencia, o medo de falar toma conta sempre que se percebe uma situação parecida com esse grande pavor, no qual era imprescindível não emitir nenhum som. Nesse contexto, estão todas as dificuldades dos seres humanos se comunicarem, os perigos de se expressarem naturalmente. Isso inibe nossa verdadeira essência, nossa voz, nossas relações.

O silêncio, o medo de falar — como estratégia de sobrevivência —, impede que realizemos nossa característica mais única e exclusiva. E nós, humanos, podemos vivenciar isso de duas formas.

- Em uma **fase ativa de conflito** — significa que, no momento presente, a percepção é de perigo constante. Temos paralisia dos músculos da laringe e músculos respiratórios, dificuldade de inspiração com uma sensação de opressão no peito. Nesta fase, também podem ser identificadas diferentes patologias:

1. síndrome do pânico: grandes medos em um curto espaço de tempo;
2. paralisia das cordas vocais: as cordas vocais perdem a capacidade de se moverem;
3. afasia motriz: dificuldade de coordenar os movimentos necessários para produzir a fala. Encontramos os medos antecipativos, nos quais a sensação é de se proibir dizer qualquer coisa inadequada;
4. gagueira: podemos encontrar uma noção de hesitação — "Eu freio porque é perigoso falar".

- Em uma **fase de reparo** — após o conflito ser resolvido por um fator externo ou mesmo interno da pessoa. Nesse momento, a sensação do indivíduo pode se refletir em pensamentos variados — "Enfim consegui me expressar"; "Posso falar, não é perigoso"; "A comunicação e minha expressão não são uma ameaça à minha vida"; "Manifestar quem eu sou através da minha voz não me coloca em risco"; "Sou livre para me expressar" etc. Nessa fase, os sintomas da laringe são diferentes:

1. uma voz mais rouca: devido ao enfraquecimento da voz;
2. tosse laríngea: uma tosse mais fina;
3. laringite: inflamação da laringe;
4. afonias: perda total ou parcial da voz.

O mais interessante, a meu ver, além da perfeição do organismo e das cinco Leis Biológicas, é como isso impacta diretamente nossa identidade, ao mesmo tempo em que os perigos de se expressar inibem a manifestação da própria essência; esses mesmos perigos constroem uma outra forma de expressão: o silêncio. Até porque, quem não consegue falar, está dizendo muito.

E como podemos analisar nossa história a partir desses medos? O que os momentos em que nos calamos queriam dizer e por que era tão perigosa nossa expressão?

Acredito que todos nós já passamos por isso. Aquele que muito diz, busca um lugar, aquele que pouco fala também. E todo ser humano busca um lugar nos bandos — uma necessidade de pertencimento, de ser aceito, de garantir a sobrevivência, seja se expressando ou não.

A comunicação é extremamente importante nas relações, para que nós, enquanto indivíduos, possamos sentir segurança nos ambientes que frequentamos. A sensação de não poder se expressar, de não poder ser quem é, é devastadora. Arde por dentro e consome você lentamente, sem que você perceba o tamanho do dano que isso lhe causa. Assim, você passa a viver uma vida limitada, guardando dentro de si toda sua potência.

Agora, você é adulto, mas provavelmente essa percepção de perigo em se expressar pode ter acontecido em sua infância ou até mesmo na vida intrauterina. Imaginem essa cena: uma criança de dois anos acorda assustada, ouvindo gritos e berros, xingamentos, ofensas, vidros quebrando e uma mulher chorando desesperada. O medo se instala nessa criança; ela não tem discernimento do que está acontecendo; ela só sente medo pela sua vida, medo de um predador que está muito próximo, e ela precisa sobreviver. Ela se cala, não chora, não emite som nenhum, não chama e não pede ajuda. Ela congela em um silêncio doloroso e assustador, pois qualquer som emitido poderia colocar em risco sua vida, que deveria estar sendo protegida justamente por aqueles que estão em conflito, mas que deveriam garantir sua sobrevivência e segurança.

Os pais dessa criança carregam as dores da própria história, e não fazem ideia do quanto ela se sente ameaçada e em perigo. E por estarem apenas reagindo a memórias inconscientes, não percebem que naquele momento se instala um choque biológico na criança.

Essa é uma das formas do conflito de laringe se manifestar, apresentando-se ao longo da vida como os perigos em se expressar. Essa criança cresce, e carrega a estratégia de não se expressar para sobreviver. E se essa criança sobrevive fazendo silêncio, é assim que ela reage sempre que precisar se comunicar. A percepção é determinante; ela sempre ditará como cada ser humano irá registrar um choque biológico. Mas há uma boa notícia: sempre podemos alterar a percepção.

O ensinamento mais valioso que tive na formação em Leis Biológicas do "Noções da Existência" com Rafael Livramento (contato: @rafael.livramento.terapias) é que todo caos tem uma ordem proporcional; que viver é um processo de evolução constante — tudo pode mudar o tempo todo, e a vida é tão incrível que sempre nos oferece uma oportunidade de termos uma postura diferente frente aos conflitos que vivemos. Esse é o grande segredo: como podemos nos reposicionar frente às dificuldades, compreendendo que a situação traumática que vivemos um dia é nossa grande chance de evoluirmos enquanto indivíduos. Assim, é possível utilizar o que um dia foi sua grande dor, como uma grande potência.

Agora, peço uma gentileza, prezado(a) leitor(a). Olhe com muito carinho e respeito para sua história. Analise os momentos em que foi perigoso se expressar, em que precisou se calar, fazer silêncio e isso o(a) impediu de manifestar sua verdadeira identidade; situações que criaram esse mecanismo de defesa. Esses episódios não são mais reais, são apenas registros, e você tem total capacidade de alterar o significado deles, tornando-se livre para colocar sua voz no mundo, sua forma de ser e viver.

E eu estou aqui, extremamente capacitada — com meus atendimentos individuais, cursos e tratamentos — para ajudá-lo(a) nesse processo. Eu conheço essa dor, já vivi isso em minha história e conheço o caminho através das Leis Biológicas para alterar completamente seu destino por meio de sua comunicação. Eu fiz isso com a minha vida. E você tem o direito de se comunicar e se expressar livremente em coerência com quem você realmente é.

Esse capítulo é uma das formas de expressar minha comunicação e minha gratidão a Deus, a mim mesma, à minha filha, à minha família e a todos que fazem parte de minha história. Também sou grata a meu professor e mentor, Rafael Livramento, que direciona minha carreira da maneira mais clara e correta possível, para que minha comunicação transforme grandemente uma grande quantidade de vidas.

Eu o(a) espero do lado de cá, para que você seja a próxima vida que vou ajudar a libertar a expressão.

Com carinho,

Carolina Vieira

BIBLIOGRAFIA

LIVRAMENTO, R. Curso "Noções da Existência", 2021.

“Eu acredito no poder da comunicação e na capacidade humana de se expressar.”

Carolina Vieira

Dra. Cristina Simões

Cristina Simões

Eu me chamo Cristina Simões. Nasci em Brasília/DF e, atualmente, resido em Vinhedo/SP. Sou filha, esposa, mãe orgulhosa do Rafael e da Ana Carolina, e grande amiga. Amo minha família e a Deus. Apaixonada por esportes, em especial o *beach* tênis.

Formada em Fisioterapia, há mais de 13 anos atuo na área integrativa, além da ortopedia/desportiva. Utilizo diversas técnicas, mas o alicerce do meu trabalho são as Leis Biológicas. Por meio delas, após anos de estudos, percebi que muitos elementos se encaixaram e passaram a fazer sentido para mim. Hoje, entendo o que está por trás de cada dor, sintoma ou comportamento. O que mudou? Passei a olhar para a pessoa e não só para o diagnóstico.

Nesse percurso, superei desafios e passei a compreender que a vida muda muito quando modificamos a percepção de quem somos e do quanto somos capazes.

cris.fisioterapiaintegrativa

+55 (19) 98138-4681

6 O SEGREDO POR TRÁS DAS LESÕES MUSCULOESQUELÉTICAS

Por Cristina Simões

Era para ser mais um dia comum, como tantos outros. Nada de diferente na rotina, nenhuma mudança drástica, nada que justificasse alguma dor, mas como das outras vezes, ela apareceu de repente: uma pontada no ombro, um incômodo no joelho, uma rigidez na lombar, sem aviso, sem motivo aparente.

A primeira reação foi a de sempre: "Deve ser postura", "Talvez tenha forçado demais ontem", "É só o estresse acumulado" ou "Aquele peso que carreguei outro dia...". Fazia sentido. Dizem que dores musculares vêm de esforço excessivo, má postura, envelhecimento ou, na pior das hipóteses, alguma lesão, mas, se fosse só isso, por que aquela dor ia e voltava de tempos em tempos? E por que em momentos de grande estresse ela piorava, mesmo sem nenhum esforço físico incomum?

Quantas vezes você já se perguntou por que certas dores aparecem sem motivo aparente? Uma torção no tornozelo, uma dor insistente no joelho, uma lesão muscular que parece nunca cicatrizar completamente... Seria apenas um acidente, excesso de esforço ou algo mais profundo?

A busca por respostas começou assim. Ao longo da vida, aprendemos a tratar sintomas como problemas isolados. A medicina tradicional nos ensina a olhar para eles e combatê-los diretamente: se há dor, tomamos um analgésico; se há inflamação, um anti-inflamatório. Mas e se estivermos apenas apagando incêndios sem olhar para a faísca que os causou? E se, na verdade, as lesões musculoesqueléticas não estiverem acontecendo por acaso?

A medicina tradicional fez avanços extraordinários no tratamento de lesões musculares, articulares e ósseas. Ainda assim, há dores que não seguem uma lógica previsível. Por que algumas pessoas, mesmo sem histórico de trauma, vivem com dores crônicas? Por que certas lesões parecem surgir repetidamente em momentos específicos da vida? Por que algumas dores aparecem e desaparecem sem causa física aparente?

Existe um segredo por trás dessas dores, e ele está oculto na história que seu corpo está tentando contar. Nosso corpo não erra e não age contra nós. Cada sintoma é uma resposta biológica a algo que vivemos e sentimos, mesmo que não percebamos conscientemente.

Isso significa que as lesões musculoesqueléticas são muito mais do que uma simples consequência física. Elas trazem informações escondidas: memórias que nosso corpo armazena em razão de situações que enfrentamos e das quais, muitas vezes, nem nos damos conta, até que um dia são expressas por meio de dores e lesões.

Para entender essas informações, precisamos conhecer as Leis Biológicas, uma técnica baseada nos estudos do dr. Ryke Geerd Hamer, que explica as causas, o desenvolvimento e a reparação natural das enfermidades com base em princípios biológicos (Livramento, 2017). Cada doença está associada a um conflito emocional específico, e ao olharmos para biologia e para as doenças sob essa ótica, é possível ter uma compreensão mais clara dos sintomas. Então, qualquer fragilidade em um órgão ou tecido está associada a uma experiência vivida e à percepção de determinado conflito; a forma como percebemos e reagimos a uma situação estressante pode ativar áreas específicas no cérebro que estão relacionadas a órgãos ou tecidos específicos.

Um conflito cria uma sequência de eventos como resposta do corpo àquele estímulo. São programas especiais com sentido biológico que ajudam o indivíduo durante um período de grande estresse emocional; é uma resposta frente a um perigo; o cérebro interpreta aquilo como uma noção de sobrevivência, ou seja, tem como objetivo nos manter vivos.

Hamer percebeu que sintomas físicos não eram falhas do organismo, mas sim respostas biológicas inteligentes, ativadas diante de conflitos vividos de forma intensa e inesperada (Livramento, 2017). Essa ideia, que à primeira vista pode parecer estranha, tem como base a embriologia, o estudo do desenvolvimento do embrião e a formação de órgãos e sistemas.

Durante a formação do embrião, o corpo humano se desenvolve a partir de quatro tecidos. Um deles, o **mesoderma novo**, é fundamental para entendermos as lesões musculoesqueléticas, pois está ligado a nossa estrutura, força e sustentação. Quando falamos de ossos, músculos e articulações, falamos da forma como nos sentimos diante do mundo. É um tecido que se manifesta em situações de impotência, incapacidade e desvalorização.

Na prática, isso significa que quando uma pessoa se sente incapaz ou sem força suficiente para lidar com algo, o corpo pode reagir fisicamente, ativando processos inflamatórios ou degenerativos no sistema musculoesquelético.

A dor, portanto, pode ser um sinal de que o corpo está se recuperando de um conflito passado. Parece abstrato? Pense em um animal que precisa se proteger: ele luta ou foge, e seu corpo responde a ameaças com ações concretas e instintivas. Nós, humanos, muitas vezes não podemos reagir fisicamente, em vez disso, engolimos sapos, aceitamos imposições ou ficamos paralisados diante de decisões difíceis. Essa energia não expressa fica armazenada no corpo.

O que está por trás das lesões?

Se somos mamíferos, o que ameaça nossa integridade? Um animal se sente vulnerável apenas quando sua sobrevivência está em risco. No ser humano, esse instinto se manifesta em quatro grandes categorias de conflitos biológicos.

1. Medo da morte: perigo ou ameaça à sobrevivência.
2. Perigo à integridade: quando nos sentimos atacados física ou emocionalmente, ou desprotegidos.
3. Falta de amor e reconhecimento: a sensação de não ser valorizado ou de se sentir impotente diante de alguma situação.
4. Perda de território e separação: mudanças na vida, nos relacionamentos, no trabalho; tudo o que mexe com nossa sensação de pertencimento ou lugar.

O corpo responde ao que você sente, à forma como percebe a situação. Cada parte do corpo tem uma função biológica e, portanto, as dores não surgem aleatoriamente. A sua dor carrega um significado.

- Joelhos: podem refletir conflitos de submissão, quando cedemos a algo que, no fundo, não queremos aceitar. “Dobrar os joelhos” no trabalho, em um relacionamento, em uma decisão imposta. Também podem indicar um conflito de direção de vida, quando não sabemos ao certo para onde ir ou nos sentimos sem escolha.

- Pés e tornozelos: sustentam o peso do corpo e nós movem na vida. Dores frequentes podem estar relacionadas a conflitos de direção e escolha. Sentir-se preso a um caminho errado ou incapaz de decidir qual rumo seguir afeta essas áreas.
- Quadril: essencial na sustentação e mobilidade. Pode doer quando resistimos a alguma mudança ou decisão importante; ou quando sentimos que estamos sendo forçados a seguir um caminho sem estarmos prontos. Não é incomum ver pessoas que vivem em constante oposição (brigando no trabalho, lutando contra um sistema, enfrentando conflitos em relacionamentos) apresentarem dores no quadril ou no nervo ciático. É como se o corpo dissesse: "Você precisa encontrar um modo de agir com mais fluidez em vez de apenas resistir".

Se isso ainda parece estranho, lembre-se: quando estamos nervosos, sentimos um nó no estômago; quando ansiosos, um aperto no peito. Por que, então, não haveria uma relação entre dores musculares e emoções?

Um dos aspectos mais surpreendentes das Leis Biológicas é que, na maioria das vezes, o sintoma não aparece no auge do conflito, mas sim quando ele começa a ser resolvido. Em outras palavras, a dor pode ser um sinal de recuperação, não de piora. Já notou como algumas dores surgem logo depois que um período de grande estresse termina? O profissional que sente dores no corpo depois de entregar um projeto importante; o atleta que sofre uma lesão depois de vencer um campeonato; e alguém que torce o tornozelo logo após tomar uma grande decisão.

Isso acontece porque, enquanto estamos imersos no conflito, o corpo ativa um estado de alerta. Quando o conflito termina e o sistema nervoso relaxa, começamos a fase de reparo, e é nesse momento que os sintomas aparecem. Sem entender esse processo, muitas pessoas buscam tratamentos convencionais para interromper a dor sem perceber que, dessa forma, podem estar interferindo na reparação natural do corpo. Mas e se, em vez de apenas tratarmos o sintoma, começássemos a nos perguntar: "O que essa dor está tentando me mostrar?". Cada lesão conta uma história. Cada dor traz uma pista.

Você já passou por um momento em que um tornozelo torcido coincidiu com dúvidas sobre qual caminho seguir? Ou uma dor no quadril surgiu quando foi preciso resistir a algo? Essas conexões não são apenas metáforas: seguem padrões biológicos estabelecidos. Nosso corpo não fala por palavras, mas por meio de sensações e comportamentos. Quando ignoramos sinais sutis, ele intensifica a mensagem até ser impossível ignorar.

Se cada dor conta uma história, a grande questão é: podemos reescrevê-la? A resposta é sim. Isso não significa deixar de lado tratamentos convencionais, mas utilizá-los de forma mais inteligente, olhando para a causa do problema, não só para a consequência.

O primeiro passo é observar. Da próxima vez que a dor aparecer, pergunte a si mesmo: o que estava acontecendo na minha vida quando isso começou? Em que área me sinto impotente, desvalorizado ou sem direção? O que essa parte do corpo representa no meu movimento e interação com o mundo?

As respostas podem surpreender. A verdade é que o sintoma nunca mente. O corpo apenas expressa aquilo que ainda não conseguimos entender ou colocar para fora, reagindo às nossas emoções e à forma como vivemos. Nosso corpo fala o tempo todo; basta termos coragem de ouvir, de questionar, de mudar, de assumir que, muitas vezes, a cura não está apenas em um remédio.

Esse é o verdadeiro segredo por trás das lesões musculoesqueléticas: elas não são somente falhas do corpo, mas mensagens codificadas que carregam nossas vivências, memórias, conflitos. Quando começamos a enxergar além do sintoma, não apenas tratamos a dor, mas ressignificamos a forma como nos relacionamos com a vida. No final, não se trata apenas de curar uma lesão, mas de compreender o que ela tem a nos ensinar. Essa é a chave para uma cura muito mais profunda do que imaginávamos.

BIBLIOGRAFIA

LIVRAMENTO, R. Curso "Noções da Existência", 2017.

"Nossos sintomas são oportunidades de reescrever e ressignificar nossa trajetória. Você está pronto(a) para decifrá-los?"

Cristina Simões

Daniéla Soares

Sou Daniéla Soares e tenho 54 anos. Sou mentora, escritora, palestrante, fisioterapeuta integrativa, master em Leis Biológicas, especialista em Neurociências, Fotobiomodulação sistêmica e cerebral, e entusiasta da Biologia do Comportamento Humano. Desde que adentrei no universo das cinco Leis Biológicas — dupla formação Brasil-Bélgica — tenho levado esse conhecimento e transformação real a mais pessoas, com foco em empreendedorismo emocional, Ansiedade sem Estresse e Aprofundamento Terapêutico da causa raiz das dores, dificuldades e sintomas físicos para maximizar os resultados dos meus clientes. Fundei a ByoMind, ofereço mentorias, treinamentos e sessões para crescimento e desenvolvimento profissional e pessoal. Além disso, tenho livros publicados: *Tempo de se amar*; *Não seja refém dos seus sintomas*; e *A história por trás dos sintomas.*

danielasoares.sjc
byo.mind
+55 (12) 97402-4696
danielasoares@uol.com.br

7 ENGORDEI! O QUE DIZEM AS CINCO LEIS BIOLÓGICAS?

Por Daniéla Soares

Neste capítulo, exploraremos as profundezas da obesidade, frequentemente percebida apenas como uma questão de excesso de peso ou estética corporal. Estudos científicos indicam que suas raízes são multifatoriais, englobando aspectos genéticos, ambientais, psicológicos e emocionais. No entanto, existem as camadas biológicas, camadas essas que não são aventadas nas abordagens citadas. Ao longo deste capítulo você poderá compreender por que, ao tentar de tudo, não perde gordura — e a resposta está em suas camadas biológicas. Para uma parcela de indivíduos, mesmo com a adesão rigorosa a protocolos nutricionais, atividades físicas regulares e acompanhamento endocrinológico, psicológico e até medicamentoso, a perda de peso permanece um desafio. Mas por quê? Você começa a se culpar, tem medo de nunca conseguir, teme por sua saúde, fica desmotivado ao encarar a balança e suas roupas? Não é que os protocolos não funcionem, eles funcionam, mas a pergunta é: por que para uns não dão resultado ou ocorre efeito sanfona? O que falta contextualizar é que existem camadas anteriores. O que dispara esse comportamento compulsivo, o estresse e a ansiedade? O que faz a perda de peso não acontecer, ser mínima ou redobrar nesses casos? O que sua história revela? Quais são os programantes e pré-programantes que o(a) mantêm aprisionado aos seus adipócitos cada vez mais avolumados? Sua história revela a resposta e a desvendamos em sessão.

Abordagens terapêuticas com as cinco Leis Biológicas têm mostrado eficácia em pacientes que não respondem às intervenções tradicionais, porque atuam em camadas mais profundas e nos trazem a seguinte reflexão: não emagrecemos porque não podemos! O tecido adiposo é frequentemente reduzido a uma visão simplista de reserva energética ou estética corporal. No entanto, na perspectiva das cinco Leis Biológicas, ele revela uma complexidade que transcende essas funções físicas. Ao analisar os três principais conflitos associados — proteção, visibilidade e força —, compreendemos não apenas a origem fisiológica do acúmulo de gordura, mas também a narrativa biológica que ele carrega. A origem do conflito do tecido adiposo está em como você vive ou viveu o impacto que deu origem e ocasionou uma memória para que seu cérebro utilizasse esse mecanismo como uma estratégia de sobrevivência perante o ataque, que aqui poderá ser uma desproteção ou abandono na infância, um parto prematuro, uma agressão física etc. O cérebro inconscientemente detecta um **período de escassez à vista** e decide armazenar gordura para sobreviver, ser forte e estar protegido. O tecido adiposo também tem função de ligação e junção para e entre outros órgãos (síntese de alguns hormônios e vitaminas) e está "a serviço dos outros". A visão biológica revela um sentimento do tipo "Sinto sua falta!". Toda doença ou dificuldade em realizar algo em sua vida é iniciada por um choque biológico inesperado e, no caso do tecido adiposo, três conflitos predominam:

- proteção-escudo: a gordura atua como um escudo, oferecendo uma barreira física para amortecer ameaças percebidas, seja em um contexto físico (como agressões de qualquer natureza — física, verbal, sexual) ou emocional (proteção contra críticas ou rejeição); o olhar biológico revela uma sensação de ameaça — "Eu me sinto ameaçado, mas de que estou me protegendo?", ou "Preciso de calor, de proteção, qual ausência me é intolerável?";
- visibilidade-destaque: o acúmulo de gordura influencia a visibilidade social. Pode servir tanto para evitar olhares (quando há vergonha do corpo) quanto para chamar atenção (quando há necessidade de reconhecimento e de se sobressair perante os demais); o olhar biológico revela uma sensação de atenção — "Me vejam!", "Quero ter meu espaço!", "Preciso de reconhecimento!", ou "Não posso ser visto (notado), estou em perigo!";
- força: relacionado à sensação de poder ou impotência. O tecido adiposo representa reservas energéticas e, biologicamente, isso remete à capacidade de sobrevivência, traduzindo-se em força ou segurança. O olhar biológico revela uma sensação de segurança — "Estou pronto para o combate!", "Consigo resolver o medo da falta!", "Quero impressionar o outro, sou inabalável!", ou "Deixa comigo, resolvo todos os seus problemas!".

Esses conflitos são vivenciados de maneira subjetiva e, quando percebidos de forma intensa e inesperada, desencadeiam o programa biológico específico de sobrevivência frente à ameaça vivida que afeta o tecido adiposo. Toda alteração segue um ciclo bifásico, composto pela fase ativa do conflito e pela fase de cura. Durante a fase ativa, o conflito em andamento propriamente dito, o indivíduo permanece obcecado (inconscientemente) pela situação que desencadeou o choque biológico, dependendo do tipo de conflito.

- Proteção: o corpo acumula gordura para criar um isolamento, protegendo--se do ambiente percebido como hostil.
- Visibilidade: pode haver ganho de gordura em áreas específicas (como quadris ou abdômen) para ocultar ou destacar características. A área afetada ajuda na especificidade para compreender os sintomas.
- Força: o acúmulo de gordura representa reserva de energia, preparando o corpo para situações de ameaça ou escassez, combate ou resistência, força irreal para se defender e/ou ajudar outras pessoas. Após a resolução do conflito, o corpo entra em um estado de recuperação, resolução ou fase de cura, ocorrem processos inflamatórios e, eventualmente, eliminação do excesso de gordura acumulada. Entretanto, se o conflito não for totalmente resolvido ou for reativado, o ciclo pode se repetir, gerando a fase de balanço (efeito sanfona).

Cada tecido é controlado por uma parte específica do cérebro: o tecido adiposo é gerido pelo mesoderma novo, sob controle do córtex cerebral (Livramento, 2024). Isso revela sua função relacionada à autopreservação social e ao sentimento de força.

- Proteção: a necessidade de isolamento é controlada pela percepção de ameaça ao status social ou segurança emocional.
- Visibilidade: influenciado pela aceitação social e pela necessidade de pertencimento ou reconhecimento.
- Força: relacionado à percepção de poder pessoal, segurança financeira ou capacidade de enfrentar desafios.

Essa visão explica por que a gordura não é distribuída aleatoriamente pelo corpo, mas sim em áreas específicas conforme o conflito experienciado. Durante a fase de resolução, microrganismos desempenham um papel essencial na reorganização do tecido adiposo, auxiliando na reabsorção de gordura acumulada, e os processos inflamatórios são naturais, indicando a reparação dos tecidos. Essa fase é frequentemente percebida como uma "doença" devido ao inchaço ou à dor local, mas, na verdade, trata-se do processo de reorganização biológica.

O sentido biológico do tecido está profundamente enraizado na sobrevivência e adaptação.

- Proteção: uma camada adicional para amortecer impactos físicos e emocionais.
- Visibilidade: estratégia de destaque social, seja para se esconder ou para se destacar no grupo.
- Força: reserva energética para enfrentar escassez ou desafios percebidos. Essas funções biológicas demonstram que o acúmulo de gordura não é apenas um problema estético ou um desequilíbrio calórico, mas uma adaptação evolutiva ao contexto ambiental, emocional e social vivenciado pelo indivíduo. A seguir, trarei um caso clínico e o que observamos na prática terapêutica.

1. Identificar o conflito: qual é a raiz subjacente? Proteção, visibilidade ou força?
2. Reconhecer o ciclo bifásico: identificar se o paciente está na fase ativa ou de cura.
3. Conectar ao contexto biográfico: relacionar o conflito com eventos da vida pessoal que desencadearam a resposta biológica.
4. Trabalhar a resolução do conflito: apoiar e encorajar o paciente a ressignificar a situação vivida para finalizar o ciclo biológico e trazer outras percepções e ações claras para sair do modo sobrevivência.

Estudo de caso

C., 37 anos, 1,59 m, 69 kg, primeira filha, destra, mãe de dois meninos (7 e 12), advogada, mas do lar há sete anos, desde que se mudou de cidade para acompanhar o marido em razão de uma transferência de trabalho. Sua queixa foi dita chorando: "Estou uma bola e só posso contar comigo mesma!". Havia engordado dez quilos desde a mudança de cidade. Sempre morou próxima aos pais e referia: "Deixei tudo em B., minha casa dos sonhos, meus pais (advogados) e minha profissão! Sinto-me sozinha! Meu irmão não ajuda meu pai como deveria e estou longe!". O caso dela era de tecido adiposo acionado juntamente aos rins. Ficam evidentes os conflitos de abandono/separação e desproteção. Ela também se preenchia com o excesso de peso, querendo visibilidade (vejam o que estou passando) e força. Disse ainda: "Queria ser reconhecida, voltar a trabalhar, mas aqui é difícil, em B. tenho meus pais". Vocês conseguem perceber os conflitos biológicos? Trabalhamos em sessão os conflitos, com ênfase na história — principalmente em relação ao pai e ao marido (Livramento, 2024). Ao retornar, quatro meses depois, o resultado foi: estava com 60 kg, atendendo (casos de família) duas vezes por semana, e havia iniciado aulas de canto e pilates. Menos chorosa, com novas percepções e querendo trabalhar mais o relacionamento com o marido, C. entendeu que podia emagrecer e que não era sobre a comida.

Uma nova perspectiva sobre o tecido adiposo a partir desse entendimento oferece uma visão revolucionária sobre o ganho de peso. Não se trata apenas de ingerir mais calorias do que se gasta, mas de um complexo sistema de proteção, visibilidade e força, profundamente enraizado na biologia de sobrevivência e nas experiências emocionais, comportamentais, relacionais e ambientais. Ao abordar o acúmulo de gordura a partir dessa perspectiva, podemos desenvolver intervenções mais certeiras, focando a resolução de conflitos, com novas percepções e na promoção de um autoconhecimento transformador. Essa compreensão vai muito além da estética: trata-se de restaurar o equilíbrio biológico, diminuindo o impacto. O entendimento do contexto biológico da manutenção em excesso do tecido adiposo gera uma nova percepção. Assim, esse tecido deixa de ser um inimigo a ser combatido e se torna um mensageiro a ser compreendido, ressignificado e integrado à biologia da sobrevivência.

BIBLIOGRAFIA

LIVRAMENTO, R. Curso "Formação de Terapeutas em Leis Biológicas", 2024.

“O tecido adiposo
não é o inimigo
a ser combatido,
é o mensageiro a
ser compreendido
dentro da biologia
da sobrevivência.”

Daniéla Soares

Daniele Livramento

Sou Daniele Livramento, natural de Resende/RJ, onde resido até hoje com meus filhos, Manuela e Pedro Henrique.

Sou formada em Pedagogia e professora da rede municipal há 25 anos. O estudo das Terapias Integrativas veio em 2018, após um profundo processo de dor, no qual busquei as terapias para o meu autoconhecimento.

Desde então, comecei a estudar várias técnicas — Barras de *Access*, Hipnose, *Thetahealing*, entre outras — que utilizo em meus atendimentos, tendo como base as Leis Biológicas, formação realizada através do curso Noções da Existência.

O objetivo do meu trabalho é ajudar mulheres que se sentem sobrecarregadas, trazendo clareza aos seus processos, mostrando que é possível viver de forma mais leve e coerente.

danielelivramentoterapias

+55 (24) 99294-9269

Códigos da EXISTÊNCIA

8 ANSIEDADE E LEIS BIOLÓGICAS: UM NOVO OLHAR

Por Daniele Livramento

A ansiedade é um tema altamente discutido e estudado, e a cada ano que passa mais casos vão surgindo, principalmente após a pandemia de 2020. O Brasil tem liderado os casos de ansiedade no mundo, segundo dados da OMS, atingindo uma média de 18 milhões de pessoas.

Ela é uma reação natural do nosso corpo diante de um momento de estresse, capaz de nos proteger de perigos, como evitar sair correndo no meio de uma avenida movimentada ou, até mesmo, incentivar que um pai ou uma mãe reaja instantaneamente ao ver um filho em perigo. Sentir-se ansioso(a) diante de uma apresentação de trabalho ou de uma prova importante é perfeitamente normal. A grande questão é quando esse sentimento nos paralisa, dando a sensação de incapacidade ou até mesmo de inferioridade.

Os sintomas de uma crise de ansiedade podem variar, mas os mais comuns são taquicardia, falta de ar, tensão muscular, insônia, preocupações, decorrentes em sua maioria de medos exagerados, incontroláveis. É algo que precisa ser tratado com responsabilidade e seriedade, e buscar ajuda é essencial.

A partir de agora, vamos ver o que as Leis Biológicas têm a nos dizer e como elas podem nos ajudar, mas para isso precisamos entender um pouco sobre o que são essas leis.

As 5 Leis Biológicas foram estudadas e desenvolvidas pelo dr. Hamer, um médico alemão, nos anos 1980, e têm como objetivo identificar o que os nossos sintomas querem nos mostrar (Livramento, 2017). Aquilo que entendemos como doença, é na verdade um Programa Biológico de Sobrevivência, ou seja, uma maneira de nos proteger e garantir nossa sobrevivência. É a resposta do corpo frente a um estresse, em que ele vai buscar uma forma de resolver o conflito em questão.

Nosso corpo é um organismo inteligente e manifesta através de sintomas aquilo que um dia foi vivenciado de maneira dolorosa.

De acordo com o dr. Hamer, o conflito se instala quando temos uma experiência traumática, inesperada, vivida em total isolamento, em que nos sentimos impotentes (Livramento, 2017). É algo que nos paralisa e não nos permite fugir ou reagir. Nesse instante, o nosso cérebro registra todas as informações que ele considera necessárias para nos proteger quando passarmos por algo semelhante. Teremos, a partir de então, um órgão e uma área cerebral impactados, baseados na nossa percepção do mundo e das experiências que passamos na vida.

Nos estudos das cinco Leis Biológicas, podemos perceber que nossos conflitos estão diretamente ligados ao comportamento dos animais na natureza, em relação a como reagem ao depararem com um predador. É dessa forma que vamos analisar o que se manifesta em nós, juntamente com a nossa história e vivências.

Sendo assim, quando falamos sobre a ansiedade, temos um sintoma especificamente humano, tendo em vista que na natureza os animais não são ansiosos. Eles não ficam pensando se vão conseguir caçar ou se serão caçados, não deixam de ir para suas atividades com medo de que algo possa acontecer. Eles simplesmente vivem – diferentemente de nós, seres humanos, que temos a capacidade de pensar, analisar e refletir sobre nossas ações.

Como entender a ansiedade com o olhar das cinco Leis Biológicas? Vamos nos aprofundar nesse tema, trazendo uma nova perspectiva para esse sintoma.

Vimos anteriormente que a ansiedade pode se manifestar de diversas formas e isso vai depender da nossa percepção sobre o trauma vivido, porém o sintoma principal decorre de grandes medos, ou podemos chamar de medos antecipativos, com a sensação de que algo ruim pode acontecer a qualquer momento. São aquelas situações em que os nossos pensamentos excessivos de futuro nos impossibilitam de agir, criando bloqueios.

Quando estamos diante de um perigo, o nosso corpo automaticamente se prepara para lutar ou fugir, mas nem sempre essa luta ou fuga é eficaz, gerando assim um conflito.

Imagine que uma pessoa é assaltada ao passar por determinado local. Naquele momento, ela não teve como fugir ou se defender, mas o corpo dela registrou todas as informações como: a temperatura, se era dia ou noite, se ela estava comendo algum alimento. Quando ela passa novamente por aquele lugar ou por alguma situação semelhante, o cérebro se prepara para reagir, porém nada acontece, e o corpo volta ao seu estado normal.

Isso se repete todas as vezes em que essa pessoa passar pelo local ou quando estiver em contato com algum trilho, desencadeando os sinais de alerta. O cérebro não distingue o real do imaginário. Nessas situações, dizemos que o cérebro só reconhece aquilo que ele já conhece, reagindo exatamente como na primeira situação vivida. Ele não sabe que não existe mais o perigo e há sobrecarga dessas repetições. Assim, tem início o ciclo das crises de ansiedade, uma vez que o corpo entra em um estado de alerta constante, antecipando um perigo que não existe mais.

Podemos, assim, definir que o assalto foi o **programante**, ou seja, o momento em que o cérebro registra o perigo vivenciado. Teremos os **trilhos do conflito**, que envolvem os cinco sentidos, o tempo e o espaço. E temos também o **ativador**, que são as situações semelhantes, pelas quais a pessoa passa e que a remetem ao primeiro conflito, nesse caso, o assalto.

Precisamos levar em conta também um fator muito importante, chamado **pré-programante**, que são situações ligadas ao nosso transgeracional — o que herdamos dos nossos antepassados —, e também ao período pré-concepcional. Neste último, analisamos tudo o que aconteceu na vida dos pais até 90 dias antes da concepção.

Quando analisamos essas informações durante o atendimento, conseguimos ajudar o paciente a ter consciência do que se passou com ele e o que o levou a manifestar esse sintoma. Mostramos que naquele momento o cérebro entendeu que era importante criar um mecanismo de defesa, que garantisse sua sobrevivência, porém não existe mais essa necessidade. Dessa forma, damos ao cérebro uma nova informação para que ele crie recursos e aquele sintoma não seja mais visto como um perigo iminente.

O entendimento das Leis Biológicas possibilita olharmos para aquilo que nos aprisiona de uma forma diferente, trazendo à consciência o que precisa ser resolvido.

Vou trazer agora o relato de como as Leis Biológicas me ajudaram a superar as crises de ansiedade.

Em 2 de novembro de 2017, tive a primeira crise. Eu não sabia que era ansiedade, mas os sintomas eram típicos: taquicardia, suor excessivo, enjoo, insônia. Tive a sensação de que ia morrer e fui parar no hospital para ser medicada. Demorou um tempo para aparecer a segunda crise, mas então os episódios passaram a ser constantes e comecei a ficar preocupada, pois eu não tinha mais controle sobre o que estava acontecendo comigo. Sentia um medo absurdo de ficar à noite sozinha em casa com meus filhos, de que algo pudesse acontecer comigo e eu não pudesse protegê-los. Na época, eu era casada e meu ex-marido trabalhava fora, o que piorava meu desconforto, uma vez que ficava sozinha por longos períodos.

Busquei ajuda profissional e comecei a fazer uso de medicação, porém sentia que aquele não era o caminho para resolver o que estava sentindo. Eu queria entender os motivos que me levaram a ter as crises, já que aparentemente não havia nada de errado comigo. E foi nesse momento que busquei o atendimento com as Leis Biológicas. Eu era um pouco cética, mas meu desespero era tamanho que estava disposta a "pagar para ver".

Já no primeiro atendimento, fui surpreendida com a informação de que as crises estavam relacionadas ao nascimento do meu filho. Eu tinha vivido uma experiência traumática, na qual me senti completamente abandonada e impotente. Já estava no final da gestação, faltando apenas alguns dias para que o Pedro Henrique nascesse, mas a minha bolsa estourou e quando entrei em contato com a médica, tive dela a informação de que eu deveria ir ao atendimento de plantão, uma vez que não havia pagado a taxa de acompanhamento. Naquele momento, senti como se um buraco tivesse aberto sob meus pés e fiquei paralisada por um tempo, tentando assimilar o que estava acontecendo.

Meu ex-marido estava trabalhando e meu pai estava ficando comigo nesse período, caso houvesse alguma emergência. Foi ele quem me levou para a maternidade e ficou lá comigo até o dia seguinte. Eu passei a noite em observação, pois minha bolsa não havia estourado totalmente e eu não havia entrado em trabalho de parto. Foi a noite mais longa da minha vida; senti muito medo, pois não sabia o que realmente estava acontecendo e se ficaria tudo bem. Felizmente, Pedro Henrique nasceu e não houve complicações.

Exatamente um ano depois, o meu corpo fez a releitura do que vivi e entrou em alerta, preparando-se para me defender do "perigo", que não aconteceu. Havia também uma informação transgeracional de mulheres que precisaram dar conta sozinhas dos filhos. Aos poucos, fui entendendo o impacto daquilo que vivi e o acompanhamento com as Leis me auxiliou nesse processo, mostrando-me que não havia mais nenhum perigo. As crises foram diminuindo até cessarem totalmente. Voltei a levar uma vida normal, sentindo-me segura e confiante.

A partir daquele momento, interessei-me em estudar e entender melhor como o nosso corpo funciona e manifesta seus sintomas. Fiz a formação das cinco Leis Biológicas com o curso Noções da Existência, ministrado pelo meu irmão, e iniciei os atendimentos no intuito de contribuir para que mais pessoas possam se beneficiar com essa ferramenta de transformação.

Acredito que todos podemos resolver nossas dores, olhar para o nosso passado e perceber que aquele não é nosso lugar de permanência; em nossas mãos, estão a possibilidade e a responsabilidade de mudar o rumo da nossa história.

Deixo meu convite para que você venha comigo nessa jornada de autoconhecimento. Estou aqui para contribuir com o seu processo, conduzindo-o(a) rumo a uma vida mais plena.

BIBLIOGRAFIA

LIVRAMENTO, R. Curso: "Noções da Existência", 2017.

“Olhar para o
nosso passado e
perceber que temos
em nossas mãos
a possibilidade de
mudar o rumo
da nossa história é
a grande chave para
uma vida
mais plena.”

Daniele Livramento

Eliana Deperon

Sou fisioterapeuta, formada pela PUCCAMP há 35 anos, e sócia-proprietária de uma clínica de fisioterapia em Santa Cruz das Palmeiras/SP, onde resido com minha família.

Desde a faculdade, identifiquei-me com a ortopedia e, durante todos esses anos, busco novos cursos para alívio das dores e reabilitação das pessoas que me procuram.

Especializei-me em várias técnicas posturais e manuais para melhorar os sintomas dos pacientes. Em 2020, tive a oportunidade de fazer o curso "Noções da Existência", no qual conheci as 5 Leis Biológicas.

Posso dizer que foi o marco de mudança na minha profissão. Hoje consigo dar uma resposta satisfatória ao cliente e juntos alcançarmos melhores resultados.

Venha conhecer essa nova forma de olhar para seu corpo!

elianadeperon
+55 (19) 99316-7614
+55 (19) 3672-4084

Códigos da EXISTÊNCIA

9 COMO GANHAR MOBILIDADE CONHECENDO SUA HISTÓRIA

Por Eliana Deperon

Às vezes, achamos que escolhemos nossa profissão por acaso, mas hoje entendo que não é bem assim. Quando escolhi a Fisioterapia, não havia nenhum profissional em quem eu me inspirasse. Foi em uma clínica, onde vi o atendimento de uma criança com sequelas de paralisia cerebral, que essa inspiração chegou até mim. O resultado do esforço daquela criança foi uma mulher capaz de seguir sua vida e realizar o sonho de se formar em Música.

Venho de uma família descendente de italianos e franceses. Meu pai era o caçula de 16 irmãos e o único com nível superior; fez Odontologia. Minha mãe era professora, gostava muito de estudar, mas não teve oportunidade de dar continuidade com o curso superior. Na minha época, deveríamos estudar, mas as escolhas profissionais eram escassas e a Fisioterapia ainda era pouco conhecida. Foi difícil para meu pai aceitar essa escolha, já que não sabia se eu conseguiria ser uma profissional bem-sucedida.

Descendente de imigrantes, que chegaram ao Brasil sem direção, sem uma cidade para morar e terras para trabalhar, tenho em meu DNA a necessidade de trabalhar muito para o sustento e ser reconhecida. Minha avó materna tinha sequelas de artrose no coxo femoral e joelhos, mas sempre estava trabalhando e não ouvíamos reclamar. Minha avó paterna teve vários filhos, entre vivos e natimortos, hoje penso que nem teve tempo para sofrer os lutos.

Com tanta desvalorização do feminino, nada mais certo que meus pais tivessem três filhas. Em minha infância, sempre ouvi que eu era independente, mas não sabia nem o que significava isso. Na família Dupas, há um histórico de doenças articulares, como artrose; já na família Deperon, o histórico é de doenças vasculares. Então, geneticamente, posso desenvolver essas doenças, sendo suscetível a incapacidades, desvalorizações e problemas consanguíneos.

Nada é por acaso mesmo! Depois de minha formação, sempre busquei me especializar, fazer novos cursos, tudo em busca de mais soluções para aliviar e curar as dores dos meus pacientes, pois me incomodava muito não responder satisfatoriamente com tratamentos convencionais.

Em 2020, fui convidada por uma amiga a fazer o curso "5 Leis Biológicas — Noções da Existência". Foi um divisor de águas em minha vida. Agora, consigo entender essa minha busca pela cura do paciente. É não aceitar as limitações e incapacidades que existem em minha história. "Por mais que tenhamos uma genética, não é o gene quem decide, é a percepção e o ambiente externo que o modifica!" (Lipton, 2005).

Artrose e todas as doenças relacionadas ao movimento

A artrose é uma doença degenerativa da cartilagem, que é o tecido que protege a articulação. Com seu desgaste, há o aumento do atrito entre os ossos, o que provoca desconforto, inflamações e deformidades, impossibilitando muitas vezes o movimento (Hospital Albert Einstein, 2025).

A cartilagem é o tecido conjuntivo que reveste as extremidades dos ossos nas articulações. Resistente e flexível, tem como principal função permitir o movimento das articulações. Ela é avascular, portanto, sua nutrição é feita por difusão, a partir dos vasos sanguíneos do tecido conjuntivo adjacente.

O tecido embrionário que dá origem aos ossos, articulações, músculos e tecido conjuntivo é o mesoderme, ou substância branca. Segundo o Doutor Ryke Geerd Hamer, médico alemão, oncologista, que desenvolveu a Medicina Germânica ou as 5 Leis Biológicas, esses tecidos possuem como temática a capacidade; e a não capacidade leva à desvalorização (Livramento, 2022).

Nos atendimentos de fisioterapia na clínica, posso dizer que 80% dos casos são de processos degenerativos das articulações, sendo as mais comuns: lombar, coxofemoral, joelhos e ombros. Quando avalio o(a) paciente, observo que quase todos(as) têm histórias de movimentos realizados além de sua capacidade, ou gestos executados de modo a levá-los(as) a uma desvalorização ou incapacidade. Cada articulação é responsável pela execução de um movimento. Por exemplo, lombar e joelhos fazem o movimento de flexão e extensão. Biologicamente, quando nos dobramos a alguma coisa, somos submissos ou desvalorizados.

Lembro-me da história de uma paciente que chegou à clínica com queixa de não conseguir se sentar. O diagnóstico: hérnia de disco L4-L5 com compressão de raiz à esquerda. Era uma mulher canhota, primeira filha, que estava cuidando do marido com câncer de intestino e que há alguns anos também tinha cuidado da irmã com câncer no seio. O fato de ser canhota indica o hemisfério cerebral esquerdo dominante — lado da força, ninho maior.

Era uma mulher que gostava de trabalhar muito. Trabalhava fora e dava conta de fazer tudo (uma supermulher). Disse que quando sua coluna travou, estava fazendo um serviço que o marido costumava fazer para ela no quintal. Ela conseguiu limpar tudo sozinha, mas quando terminou, não conseguia se dobrar mais. Ao relembrar com ela todos os movimentos que fazia ao cuidar da irmã e do marido, identificamos que ela sempre foi de se curvar para todos eles, e que desde pequena foi a "faz tudo" da casa. Ela vivenciou a desvalorização do feminino desde criança e repetia isso até a vida adulta, já que não podia mostrar fraqueza.

Para o Doutor Hamer, a vértebra L4 significa uma desvalorização, na qual nos sentimos fora das normas, ou seja, pessoas que tiveram grandes responsabilidades desde cedo. Já a L5 expressa uma desvalorização na sexualidade e ou genitalidade (Livramento, 2022). Ao ressignificar sua história, ajudar sua família de forma consciente, descansar quando necessário, saber dizer não quando preciso, valorizar-se como mulher e fazer atividade física com acompanhamento para se fortalecer, ela não precisou de mais nenhum tratamento.

Outra articulação muito comum de se degenerar é a do joelho. Lembro-me da história de um jovem atleta que lesionou o menisco e o ligamento cruzado anterior (LCA), pois se submetia a treinos fortes. Ele queria seguir a profissão de jogador de futebol, mas os pais queriam que ele estudasse. Dividido entre as duas coisas, lesionou o LCA quando entrou para um time de futebol. Fez cirurgia, reabilitação, mas não ficou bem.

Resolveu abandonar o futebol e voltar a estudar. Voltou para sua cidade, praticava esportes com amigos e decidiu também se casar. Dividido entre dois projetos (trabalho e família), teve uma recidiva de lesão do LCA. O inconsciente não consegue diferenciar futebol, estudos, trabalho e ser pai (projetos diferentes). Tudo precisa ser pensado de forma consciente e determinar o que se quer, sem se submeter aos desejos de outras pessoas. Atualmente, ele está muito bem — sem dor no joelho, trabalhando e jogando bola com amigos.

Os exemplos que destaquei são sobre articulações diferentes, mas que foram curadas com o reconhecimento da causa e a mudança de atitude. Porém, como nem toda história é feita de um final feliz, tenho um outro caso clínico de joelhos que chegou à necessidade de prótese bilateral.

Uma mulher canhota, com cinco irmãos, mas filha única do casal. A mãe era prostituta, então a avó foi quem cuidou dela até os 2 anos, até sua morte. Aos 6 anos, a mãe a entregou a uma família. Nessa casa, sofreu muito, pois tinha que cuidar das atividades domésticas, comia pouco e não podia brincar. Conta ainda que foi abusada pelo vizinho.

Aos dez anos, foi para a casa de outra família, onde também trabalhou muito.

Aos 15, engravidou e o namorado a abandonou. Nessa época, sua mãe também teve um bebê e o padrasto foi embora. Sua mãe, então, cuidou da filha (irmã da paciente) e do neto — que tinham a mesma idade — para que ela pudesse sair para trabalhar.

Aos 18 anos, ela se casou com outro homem que era alcóolatra e agressivo. Engravidou novamente. Mesmo com uma vida de sofrimentos, não conseguia se divorciar, pois o marido a ameaçava. Assim, viveu vinte anos naquele casamento. Quando enfim conseguiu se separar, engordou muito — 50 kg. Relatou que, mesmo o ex-marido sendo violento, tinha uma vida de abundância e não precisava trabalhar. Ao se separar, precisou batalhar para sobreviver. Biologicamente, o aumento da camada de gordura é proteção e o edema é resultante de conflito dos líquidos, como a falta do dinheiro.

Por esses motivos, começou a ter problemas no joelho esquerdo. Seu ex-marido adoeceu e ela voltou com ele. Fez bariátrica, emagreceu 82 kg. Ao se sentir protegida, ela emagreceu; voltou a ter o dinheiro, então, desinchou. Seu problema de joelho também foi resolvido: “ganhou” uma prótese no joelho esquerdo.

Após algum tempo, seu marido morreu, mas ela começou a ajudar a mãe financeiramente, já que esta não era aposentada, mas não conseguia mais trabalhar. Em 2009, necessitou de uma prótese no joelho direito — na canhota, o hemisfério cerebral direito é o ninho menor.

Em 2016, casou-se novamente e achou que estava bem. Então, descobriu que o marido tinha muitas dívidas. Assim, voltou a trabalhar muito e engordou tudo de novo.

Em 2022, sua mãe morreu e ela precisou trocar a prótese do joelho esquerdo. Em 2024, fez a prótese do joelho direito, mas teve complicações com infecção hospitalar e, até hoje, está em tratamento com antibióticos.

Em novembro de 2024, mudou-se de casa. Ela achou que as dívidas do marido haviam acabado, mas, depois, descobriu um outro débito e, então, a fístula do joelho se abriu mais. Essa paciente tem um ciclo de repetição a cada dois anos. Ela só se valoriza trabalhando abusivamente e se submete a homens como a mãe fazia. Vive em fase de reparação de tecido, ou seja, inflamação constante.

Na fase ativa da mesoderme nova existe a necrose do tecido onde a articulação envolvida se degenera ou o ligamento se rompe, na fase PCL ou resolução, o que gera um processo inflamatório. Não resolvendo todo o processo, existe o aumento da massa de conflito e outro tecido é comprometido, a derme, sendo infeccionada por bactérias. Nesta paciente, outras doenças também apareceram: obesidade, diabetes e hipertensão. Tudo por não conseguir resolver a sua história.

Hoje o que eu faço no meu atendimento é tentar despertar no paciente o reconhecimento da sua história e que eles deem um passo de mudança para melhorar o todo.

A dor e a inflamação articular são simplesmente a resposta de que algo foi realizado com a percepção de falta de capacidade.

Todos somos capazes! O corpo tem vida e vida é movimento!

BIBLIOGRAFIA

HOSPITAL ALBERT EINSTEIN. Conselho Editorial Einstein. Glossário de Saúde do Einstein. Artrose. Disponível em: https://www.einstein.br/n/glossario-de-saude/artrose. Acesso em: 24 abr. 2025.

LIPTON, B. *A biologia da crença*. São Paulo: Butterfly, 2005.

LIVRAMENTO, R. Curso "Noções da Existência", 2022.

"O corpo tem vida, e vida é movimento! Você é capaz!"

Eliana Deperon

Fabiane Marini

Meu nome é Fabiane Marini. Nasci em Bento Gonçalves/RS, onde vivo atualmente. Sou filha de Aldir Marini e Maria Nicchetti Marini, casada com Felipe Boch e mãe de dois filhos lindos: Nicolas e Laura.

Sou fisioterapeuta desde 2018 e tenho diversas especializações, mas hoje atuo basicamente com fisioterapia integrativa, microfisio-terapia e com as cinco Leis Biológicas, que são o norte para todo o meu trabalho.

Sou terapeuta, mentora, atleta amadora, amo viajar e adoro um bom livro.

Com o passar dos anos, ajudando milhares de pessoas, encontrei as respostas que buscava para a minha vida e acabei me curando de muitas feridas. Hoje, transmito esse método a todos os que me procuram para curar as suas feridas. Afinal, a vida é uma constante mudança.

Estou cada vez mais convicta de que ao acolher minhas fragilidades, consegui superar grandes desafios. Assim, provei que um diagnóstico não me define, o autoconhecimento, sim.

fabianemarini

+55 (54) 98141-3980

Fabiane Marini

fabimarini@yahoo.com.br

Códigos da EXISTÊNCIA

10 ENTENDENDO NOSSAS FERIDAS

Por Fabiane Marini

Você já se sentiu ferido ou atacado na sua integridade?

Pode ter sido uma agressão física de qualquer tipo ou mesmo verbal que deixou você profundamente ferido(a) e que teve um impacto grande em sua vida. Então, essas situações podem estar impactando você profundamente até hoje.

A intensidade do conflito e a forma como foi vivenciado vão determinar a gravidade dos sintomas. Lembrando que não é o evento que causa o trauma e sim a forma como percebemos a situação.

Para entender melhor, vamos rever o conceito da palavra integridade. Segundo o dicionário Michaelis, integridade é um estado ou característica de algo que está inteiro, intato, qualidade ou caráter de uma pessoa de conduta irrepreensível; honestidade, ou até mesmo característica de quem é inocente ou puro; inocência. Em sentido figurado, a integridade pode ser descrita como honradez, pureza ou inocência. Isso confere ao indivíduo uma atitude de plenitude moral, caracterizando uma pessoa incorruptível. Então, qualquer coisa que nos tire desse estado, seja ele físico ou emocional, levando em consideração a intensidade do fato e a emoção envolvida, consideraremos como um ataque à nossa integridade.

A integridade pessoal é um conceito muito amplo, que inclui fatores morais e físicos. A integridade moral envolve nossos princípios e dignidade. Por isso, quando somos atacados moral ou emocionalmente, seja por um insulto ou psicologicamente, dizemos que nossa integridade foi agredida de alguma forma. A integridade física remete ao bem-estar da pessoa ou do grupo, relacionando-se a contextos que envolvem ataques, agressões físicas, cirurgias.

Quando falamos do que nos fere, quem recebe este impacto são os nossos tecidos de proteção. Pela perspectiva das Leis Biológicas, estamos falando do mesoderma antigo. Esse folheto embrionário refere-se a todos os ataques que nos ferem profundamente, e podem colocar a nossa vida ou a nossa espécie em perigo.

Vamos considerar aqui ataques reais ou simbólicos, ou seja, toda situação em que nos sentimos feridos ou atacados por alguma coisa ou pessoa, quando nos sentimos desprotegidos ou ameaçados, sempre com uma conotação vital.

Na natureza, quando um animal é ferido pelas "presas do predador" e escapa desse ataque, o local exato onde o golpe ocorreu se tornará mais espesso, criando-se ali uma carapaça na tentativa de tornar aquele tecido mais forte para resistir a um novo ataque. Como não vivemos na floresta, nossa memória arcaica de sobrevivência traduz essa simbologia para nossa vida atual.

Falaremos então de nossos tecidos de proteção, e de tudo o que envolve os tecidos que são vitais para a nossa sobrevivência, como coração, pulmões, cérebro e vísceras abdominais. Estou me referindo a estruturas como a derme, o pericárdio, a pleura, o peritônio, o omento maior, as células de Schwann e as meninges.

Vamos explorar o contexto de cada uma dessas estruturas em sua especificidade, considerando que para cada indivíduo a percepção muda. Então, para um diagnóstico mais assertivo, é preciso entender a percepção da pessoa quando o fato ocorreu.

Começaremos pela derme, que é a verdadeira proteção do nosso meio interior. Quando recebemos um ataque real contra a pele, incluindo congelamento, queimadura e raios ultravioleta, quando passamos por um processo cirúrgico, quando recebemos ataques verbais, quando nos sentimos desfigurados, quando nos sentimos sujos ou quando nossa integridade é atacada constantemente, seja por bullying ou acusações falsas, dependendo da intensidade e da emoção envolvida no momento do impacto, aquele tecido se torna mais grosso, na tentativa de nos proteger.

Na vida animal como um todo, pensamos na presa e no predador, mas na vida humana em particular, podemos sentir o ataque à nossa integridade quando somos atingidos com palavras em uma conotação vital. Podemos desenvolver uma massa compacta no exato local onde o choque foi sentido, ou difusa, quando sentimos o ataque em diversas partes do nosso corpo.

Podem aparecer melanomas, sentidos como um ataque à nossa integridade, como um arrancamento, uma desfiguração, em uma conotação de sujeira. Aqui, encontraremos os rumores, palavras que colocam a integridade à prova; sentir-se desfigurado, mutilado, sujo, enfim, uma série de conotações de acordo com a percepção e o local onde ocorreu o ataque. Encontraremos também as verrugas, as micoses, a herpes-zóster, o impetigo, a acne, e todas as patologias que têm início na derme. Cada patologia tem o ataque à integridade como tema central, mas podemos encontrar, concomitantemente, conflitos de sujeira, sexuais, de contato etc. E a interpretação se dará de acordo com a percepção que a pessoa vivenciou.

Outro tecido que sofre com o ataque à integridade são as células de Schwann. Elas são responsáveis pelo suporte e proteção dos axônios dos neurônios periféricos com uma bainha de mielina, essencial para a transmissão rápida e eficiente de sinais elétricos. Além disso, são importantes na regeneração dos nervos periféricos após lesões, auxiliando a cicatrização e a recuperação da função nervosa.

A vitalidade e a funcionalidade das células de Schwann podem ser afetadas por fatores de origens diversas, como problemas infecciosos, imunes ou metabólicos, traumáticos, tóxicos ou tumorais, que podem prejudicar a atividade dessas células do sistema nervoso periférico.

Quando, de alguma forma, sentimos o impacto do ataque a essas células, ocorre hipersensibilidade ou falta de sensibilidade no local da agressão. Um exemplo é o schwannoma, que geralmente se apresenta quando o indivíduo sofre um conflito percebido como insuportável, podendo ser uma informação auditiva, visual ou um contato tido como insuportável.

A perda ou desmielinização do neurônio pode levar a patologias que afetam o sistema nervoso central, como é o caso da esclerose múltipla.

Quanto à manutenção da integridade, temos também a glândula mamária, trazendo uma conotação de preservação da integridade do ninho (real ou virtual), de poder nutrir e proteger; o ninho é o nosso território mais arcaico, são nossas raízes, nosso patrimônio.

O conflito de glândula mamária não está restrito à mãe. O pai ou uma pessoa muito próxima também pode ter a glândula mamária impactada. Vou me referir a isso como mãe, pois biologicamente é a mãe que nutre o bebê. Encontramos situações de preocupação ou discussões com o ninho (filho, parceiro, pais, irmãos) ou pelo próprio ninho (angústia em relação à casa ou local de trabalho). Outro exemplo bem comum em meus atendimentos é quando a mãe se sente impotente ou não pôde proteger um filho que está em uma dificuldade, que sofreu um acidente ou que morreu. Dependendo do impacto, esses pacientes podem desenvolver uma fragilidade da glândula mamária, provocando um espessamento dela na intenção de nutrir ou proteger pessoas que amam muito (filho, marido, empresa, enfim, coisas que percebem como um filho).

O sintoma de inflamação e dor acontece quando finalmente conseguimos proteger, ou melhor, quando a intensão de melhora realmente acontece. Então, quando as coisas parecem que vão mal é quando finalmente conseguimos nutrir ou proteger nosso ninho.

O peritônio e o omento maior podem ser analisados em conjunto, pois eles protegem a cavidade abdominal e as vísceras abdominais. Essas membranas são impactadas quando vivenciamos ataques contra a integridade do conteúdo abdominal, como um procedimento cirúrgico nessa área, acidentes, chutes, agressões, traições consideradas como golpes baixos e suspeita de doença abdominal.

Em se tratando do omento maior, estamos nos referindo a um conflito relacionado a um negócio feio, sujo, nojento, indigesto, com uma percepção de carência que não se pode eliminar, pois estamos falando da camada que protege os intestinos.

A pleura está envolvida na proteção dos pulmões e o conflito implica um ataque contra o interior da cavidade torácica (pode ser golpe real ou tentativa), como acidentes, procedimentos na região, diagnóstico ou autodiagnóstico de doenças torácicas etc. Pensamos em situações em que a pessoa se sente em um beco sem saída. Na fase ativa, há um espessamento do tecido e depois que o conflito é resolvido, a formação de líquido.

Já para o pericárdio, temos a conotação de um ataque contra o coração — ter o coração destroçado ou sentir-se apunhalado.

Por último, temos as meninges, que protegem o cérebro e todo o sistema nervoso. Podemos perceber os conflitos de meninges em crianças prematuras, pela violência obstétrica, pessoas que sofreram golpes na cabeça, quedas, assaltos em que uma arma foi apontada para a cabeça, choques na coluna, agressões verbais em que a intelectualidade foi colocada à prova, situações envolvendo falas do tipo “você é um idiota”, violências vividas com grande insegurança, contextos em que o sentido biológico da dura-máter será fabricar uma carapaça e da pia-máter, procurar uma solução nas desvalorizações de sangue ou de um grupo. O sentido biológico das meninges é proteger — a qualquer custo — o local onde sentimos o ataque.

O nosso corpo funciona como uma máquina perfeita; ele sempre mostrará o que estamos passando e como estamos passando por determinados momentos de nossa vida. Ao tomarmos consciência de uma situação conflitiva vivenciada, reconhecendo o que ocorreu, podemos mudar nossa percepção e a forma de senti-la, saindo mais rápido do estresse, reencontrando um equilíbrio.

O fato de termos esses conhecimentos não nos impede de vivermos situações complicadas, mas serve como um guia para entendermos o que estamos passando. E quando sabemos o que estamos passando, qual é o sentimento e o conflito que estamos vivendo, conseguimos diminuir e até frear os sintomas.

Portanto, deixo aqui um convite para que você mergulhe ainda mais nessa jornada e siga em um processo de autoconhecimento!

BIBLIOGRAFIA

MICHAELIS. Dicionário Escolar Língua Portuguesa. 5. ed. São Paulo: Melhoramentos, 2023.

“Curar não é
fazer o sintoma
desaparecer; é
acolher e entender
o que ele está
querendo
nos mostrar.”

Fabiane Marini

Foto: Natália Escudeiro.

Fernanda Orsi Pardini

Sou Fernanda Orsi Pardini. Trago imensa gratidão por minha família e amigos, que estiveram ao meu lado tanto nos momentos desafiadores quanto nas escolhas e conquistas. Há décadas, iniciei minha jornada no universo terapêutico, um caminho que exigiu profundo mergulho interno para que eu pudesse emergir com um olhar mais amplo e conectado com o todo.

Hoje, com uma sólida experiência profissional, dedico-me a enxergar o ser humano de forma integral, a partir da compreensão transgeracional — um estudo que revela padrões, crenças, emoções, traumas e comportamentos herdados. Por meio da visão sistêmica e biológica, torna-se possível um despertar da própria história, promovendo-se uma conexão mais profunda consigo e com sua essência.

Acredito que continuar apenas sobrevivendo é uma escolha, mas escolher viver plenamente é iluminar a si mesmo e a todos ao seu redor.

+55 (11) 99621-8236
fernandapardini_terapeuta

11 AS DORES SILENCIOSAS

Por Fernanda Orsi Pardini

Eduardo, um rapaz de 24 anos de Apucarana/PR, movido pela aflição, procurou meu atendimento, pois sentia enormes dores na perna esquerda recém-amputada, desconforto que a medicação não resolvia. Desde o início das sessões de terapia integrativa, que no momento da escrita deste texto acontecia há quatro meses, o seguinte questionamento o atormentava: "Como sinto dor em um membro que não tenho mais?". O termo usado pela medicina tradicional, "dor fantasma", não lhe bastava para explicar ou minimizar o sintoma.

Tudo havia acontecido muito rápido. No fim de tarde do dia 20 de setembro de 2024, um carro na contramão, conduzido por motorista embriagado, chocou-se contra a moto de Eduardo, parada no semáforo. Quando o resgate chegou para atendê-lo, começou a chover, e ele foi levado para o hospital. Passou por cirurgia, na qual foram colocados vários pinos, na tentativa de reconstituição da perna, bastante atingida. Após uma semana na UTI e uma na enfermaria, as dores continuavam insuportáveis, e ele consentiu na amputação do membro, realizada em seguida.

Pouco mais de um mês depois, nas primeiras sessões de terapia, ainda abalado com o ocorrido, a mudança repentina de vida e as dores não compreendidas, o rapaz sentia dificuldade em falar do dia do acidente, não conseguindo a princípio trazer o caso inteiro. Tinha, no entanto, a memória de todo o cenário, e em dias chuvosos como o do acidente ficava desatinado de dor. Sofria também picos de dor em horários próximos ao do acidente — quando começava a escurecer — e da amputação, que foi realizada na parte da manhã.

Trata-se da dor silenciosa, que Eduardo sentia no membro ausente, mas outras pessoas experimentam pelo filho perdido em um aborto ou ausente, por uma depressão, pelo desejo não realizado da maternidade, pelo término de um relacionamento, pela perda de um ente querido, de um animal de estimação. Quando alguém tem uma dor de garganta, dor no ombro, pedras nos rins ou uma infecção urinária, é mais fácil falar dela, localizar e ser compreendido. Mas a dor silenciosa é emocional, relacional. Pois todas as dores físicas, emocionais e relacionais tem uma história, uma percepção sentida e vivida. Vem muito mais da história de vida, do que a pessoa traz na bagagem e do que muitas vezes não sabe dizer, não encontra palavras sequer para nomear. Ela gera sentimentos de angústia, sofrimento e solidão, frequentemente não acolhidos pelos demais.

Caminho terapêutico

A escuta ativa foi o primeiro passo no atendimento do Eduardo. O intuito era, em estado de presença, deixá-lo expressar o que pudesse. Ele falava das dores como se fossem pontadas, formigamento, queimação, ardência, fisgadas e compressão na perna amputada. Às vezes precisava parar, deixar a emoção transbordar quando, pouco a pouco, mais fortalecido, começava a dar conta de trazer o cenário do acidente.

Trabalho com muita cautela, alinhavando no *setting* terapêutico, conforme o momento, várias técnicas — além da escuta ativa, outras como as de respiração e programação neurolinguística (PNL), terapia comportamental, observação do cenário, do trauma, e a referência à fé, à dimensão espiritual. Apliquei aos poucos ainda as Leis Biológicas, cujo princípio é entender a história por trás dos sintomas, relacionando evento traumático e doença. Fomos tratando assim toda a parte de sensibilidade e também motora — o motor de ir para a vida e para as funções vitais; de voltar às atividades diárias, ao trabalho; de se sentir vivo, presente na sua vida e no novo contexto apresentado.

Sobre a dor, trabalhamos no sentido de que, mesmo a perna estando hoje ausente, ela fez parte de sua vida. A memória permanece reservada no mapa do cérebro e, por isso, sente a presença do membro. Nessa etapa ele já havia começado a trazer algo da história familiar. E fui conduzindo o atendimento, pois sabia que a dor estava lá atrás, investigando suas perdas de vida. Mas ele não conseguia perceber de onde ela vinha. Esse é o silêncio. Por isso, em certo momento, no qual o senti mais seguro comigo, fiz com ele a constelação sistêmica, como um recurso de compreensão, que permitiu trazer de forma mais amorosa a história familiar, não só a transgeracional, como os progenitores.

Foi quando pudemos aprofundar, e ele conseguiu contar a sua história e falar livremente sobre a infância. Até os 6 anos de idade, Eduardo vivia com os pais e a irmã, um ano mais velha. Nessa época, o pai os abandonou. Quando ele estava com 10 anos, sua mãe foi diagnosticada com um tumor na perna direita, e sentia fortes dores. Faleceu três dias depois que Eduardo completou 12 anos.

Ele perdeu, então, aos 6 anos, a presença do pai, aos 12, a mãe e aos 24 a perna esquerda. A imagem da perna traz a perda da direção de vida e do rumo, conflitos de separação, desabamento da existência — na infância, houve a separação do pai, perdendo, assim, a referência masculina, a proteção; na adolescência, veio a perda da mãe, a nutrição, o carinho e o cuidado; e ele repete um padrão, aos 24 anos, já na maioridade, como se a vida lhe desse outra rasteira, desequilibrando-o e mudando totalmente o seu caminho contra a própria vontade.

Quando revelou essa história, na qual perpassavam sentimentos como raiva, tristeza, pena do pai e sua trajetória tortuosa de vida, foi possível, ao mesmo tempo, trazer para a consciência que ele não está sozinho e desprotegido. Conta com o apoio de pessoas que o amam, como a irmã, a avó, a madrinha, tios e tias, enfim, toda a família e amigos, o que lhe gera sentimentos positivos. E tem o exemplo de outras pessoas que também perderam a perna e conseguiram recuperar a direção na vida. Ao entender tudo isso, as dores começaram a diminuir.

Concomitantemente com o processo terapêutico, o tratamento físico continuou. Ele precisava fazer a contenção da parte da perna que ficou e também fisioterapia para voltar ao equilíbrio do corpo, cessando as quedas, que no início aconteciam bastante.

Projeto de vida

Devido à perseverança e aos esforços na fisioterapia, Eduardo adquiriu uma postura firme. No entanto, estava apenas indo ao serviço de saúde e retornando para casa, não tendo o que fazer no restante do dia. Era preciso voltar a se sentir útil, retomar de alguma forma a rotina diária. Afinal, ele estava acostumado a trabalhar bastante como fotógrafo. Sem a perna, ficara impossibilitado de exercer seu trabalho e preocupava-se com a questão financeira.

Por tudo isso, começamos a conversar nas sessões de terapia sobre a necessidade de ter projetos. O primeiro projeto ao qual Eduardo se entregou foi o de uma vaquinha para conseguir verba para a prótese. Ele iniciou o movimento, e os amigos ajudaram, postando nas redes sociais. A rádio e a TV da cidade o entrevistaram, e ele começou a impulsionar cada vez mais a iniciativa. Além disso, passou a fazer atividades domésticas. Fomos tratando todos esses passos como um trabalho, o que lhe trouxe sensação de contribuição e força de vida.

Medimos sempre, de 0 a 10, como está a dor. Hoje tem caído para o nível 4 ou 5, às vezes 2 ou 3, e há dias em que ele já não tem mais dor. Nos dias de chuva, não sente mais nada. E isso sem medicação. É um enorme progresso!

O silêncio em tantos casos

Popularmente, são usados termos como nó na garganta, aperto no peito, sangue nos olhos, fazer das tripas o coração, tomar uma facada nas costas, perder o chão. São expressões que dão a entender tudo. A pessoa não precisa falar mais coisa alguma.

Essas imagens revelam uma dor que muitas vezes se manifesta em sintomas físicos, psicológicos ou comportamentais. Quem, no entanto, é capaz de perceber a relação entre o sintoma e a história de vida, ou compreender uma dor que não se explica apenas na dimensão biológica?

Há dores silenciadas, sobre as quais a pessoa não pode ou não consegue falar, nem sabe transpor em palavras. São dores silenciosas, como a do Eduardo: como pode doer tanto o que não está mais presente? Chamar de "fantasma" é como diminuir, desvalorizar ou tirar a realidade de algo que se sente com intensidade, no corpo e na alma.

O trabalho com as Leis Biológicas é direcionado, focado, e por vezes até pesado, mas de suma importância, pois se trata de reconhecer a dor silenciosa e criar espaço para a sua expressão — o que acontece quando se relaciona o sintoma com a história de vida, percebendo-se que por trás dele há uma dor maior do que a física. E isso é transformador.

O Eduardo às vezes fala: “Era como se eu só tivesse dias nublados. E agora tenho esperança, força pra viver de novo, tenho luz todos os dias. Só de eu não ter mais dor, agora sinto que a minha vida vai, que posso voltar a caminhar”. Quando ele traz a expressão “voltar a caminhar”, não se refere apenas à prótese, mas a um mundo melhor; a acreditar, confiar que ele pode. A prótese é uma consequência, cada vez mais próxima, pois com todo o seu esforço, conseguiu arrecadar na vaquinha o suficiente para colocá-la. Que lindo ver essa força, essa vontade de viver!

É um aprendizado para mim e, por acreditar que também pode ser para outras pessoas, compartilho aqui o caso do Eduardo, com a autorização dele. A experiência terapêutica, no entanto, é muito maior do que seria possível colocar em palavras — assim como o são as dores silenciosas. Mas desejo que o risco de trazer o tema contribua para o crescimento de quem atravessa situações dolorosas sem encontrar alento ou mesmo legitimidade para sua dor.

"É fundamental tratar a dor silenciosa, mergulhando na história por trás dos sintomas, descobrindo e cuidando da dor por trás da dor."

Fernanda Orsi Pardini

Flávia Karina

Sou Flávia Karina, cirurgiã-dentista, especialista em periodontia e atuante na Odontologia Biológica Integrativa, na qual encontrei propósito e entusiasmo.

Aprofundei-me em práticas, cursos, retiros e terapias integrativas, como a ozonioterapia e a biorressonância, unindo ciência e consciência.

Após minha formação no curso "Noções da Existência", ampliei a conexão dos dentes com os corpos físico, energético e emocional.

O autoconhecimento e as transformações que vivencio inspiram meu trabalho em consultas, palestras, no *workshop* e retiro Saúde Vibrante e no podcast Sorriso da Alma, do qual sou facilitadora.

A boca reflete nossas histórias; ao libertá-la de toxinas, abrimos espaço para novas percepções e realidades mais conscientes.

draflaviakarina
+55 (12) 98816-4311
www.odontologiabiologicasjc.com

Códigos da EXISTÊNCIA

12 SORRISO DA ALMA: O REFLEXO DA SAÚDE ATRAVÉS DA BOCA

Por Flávia Karina

A desvalorização de si é um conflito emocional profundo que se reflete em várias áreas da nossa vida. Quando nos sentimos diminuídos ou não reconhecemos nosso valor, isso pode gerar bloqueios e tensões no corpo, especialmente na boca. Junto com o cabelo e as unhas, a boca é uma das primeiras partes do corpo a manifestar fisicamente sintomas — por isso são considerados marcadores de saúde. A perda óssea, comum em patologias como periodontite, retração gengival, peri-implantite (perda de implantes dentários) e outros problemas bucais, não surge apenas como consequência de fatores externos, como a má higiene, infecções ou incompatibilidade com o material, mas também como respostas do corpo a essa percepção negativa de si, acumuladas ao longo da vida, com experiências que reforçam esse padrão de autocrítica ou rejeição, seja por traumas de infância, rejeição social ou mesmo conflitos familiares. Esses eventos são armazenados nos dentes, que são como "guardadores" dessas emoções. Ao não reconhecer esse padrão, tratamos apenas os sintomas, sem abordar a verdadeira causa raiz que reside no conflito emocional. Assim, enquanto o problema é tratado superficialmente, a raiz continua a ser ignorada, e a saúde, não somente bucal, mas também a saúde sistêmica integral — bem como o bem-estar do indivíduo —, permanecem comprometidas.

Quando o conflito da desvalorização de si e o impacto das toxinas presentes na boca não são reconhecidos e tratados, as consequências se expandem para além da saúde bucal. Os dentes e a boca, como reflexos do corpo, carregam informações que impactam diretamente órgãos, tecidos e vértebras. A perda de dentes e implantes, por exemplo, não é apenas uma questão estética ou funcional; ela pode gerar disfunções em órgãos e sistemas. Quando há a presença de necroses ósseas (cavitações ou nicos) ou a instalação de implantes com materiais que não ressoam com o corpo, toxinas podem ser liberadas, afetando diretamente o sistema imunológico e outros órgãos vitais. Além disso, a falta de dentes pode alterar a postura e gerar tensões musculares, afetando a coluna vertebral, o sistema nervoso e as emoções do indivíduo. A consequência, portanto, não se limita à saúde bucal, mas se estende ao sistema integral do corpo, comprometendo a saúde física, emocional e energética. O mapa neurofocal, ao final do capítulo, ilustra partes dessa interconexão.

Quando tratamos os dentes de forma isolada, ignoramos a comunicação constante que acontece entre a boca e o resto do corpo. O impacto é profundo, podendo desencadear uma série de problemas sistêmicos que afetam a qualidade de vida de maneira global, conectando-se muitas vezes a dores como rejeição, abandono, medo e codependência.

Nossos 32 dentes são verdadeiros receptores e transmissores de informações vivas, integrando-se ao nosso organismo de maneira fluida, assim como a água nutre a terra e sustenta a vida. Esse processo biológico acontece continuamente, sem a necessidade do controle consciente, obedecendo a leis naturais que conduzem a existência à sua plena realização, independentemente da nossa compreensão. Cada vez que aprofundo a investigação sobre os sinais que os dentes manifestam, percebo como eles estão interligados a diferentes dimensões da vida, indo além da visão limitada que temos da existência.

Na odontologia biológica, os dentes não são vistos apenas como elementos isolados, mas como reflexos do corpo como um todo. Isso se conecta diretamente com as Leis Biológicas, que ensinam que os sintomas e doenças muitas vezes são respostas do corpo a conflitos emocionais profundos.

Como periodontista tradicional durante 17 anos, pude experienciar diversos tipos de tratamentos que iam desde técnicas cirúrgicas invasivas, uso de antibioticoterapia associada a desinfecção, com uso de bochechos de clorexidina 0,2%, até o momento de hoje, em que temos como base para o tratamento a ozonioterapia, associada a suplementação vitamínica e detoxificação física e biofísica da boca e do corpo para tratamentos mais orgânicos e menos invasivos. A desintoxicação permite que o corpo libere toxinas acumuladas ao longo do tempo, incluindo aquelas que podem estar presentes na boca, como metais pesados, agentes patogênicos ou materiais incompatíveis com o organismo. Quando o corpo está limpo e livre de toxinas, ele se torna mais receptivo à cura, facilitando a ação das terapias e das abordagens biológicas.

As técnicas têm apresentado respostas clínicas extremamente satisfatórias. Já nas primeiras sessões, é possível notar processos agudos de inflamação, halitose e dor sendo transformados em gengiva saudável, de maneira rápida e indolor, com um menor número de sessões. A biorressonância ajuda a identificar padrões energéticos comprometidos, favorecendo o reequilíbrio ao integrar tanto os aspectos físicos quanto emocionais do tratamento.

Continuei meus estudos de auto-observação e me perguntei novamente: qual é a raiz do problema físico no órgão dente? O que antecedeu as perdas ósseas, tanto na boca quanto no corpo?

O conhecimento das Leis Biológicas tem me permitido encontrar, junto a meus pacientes, a verdadeira raiz que alimenta esse sintoma tão silencioso e profundo que são as perdas ósseas. Segundo os estudos dessas Leis, as perdas ósseas vêm do conflito da mais profunda desvalorização de si. Isso se reflete na saúde bucal, muitas vezes com retrações gengivais, perda de dentes e implantes dentários.

Compreendi, então, que não basta tratar o órgão dente e o corpo físico. É imprescindível integrar os conflitos emocionais que deram origem a essas perdas, pois, sem essa compreensão, os próprios gatilhos externos que os pacientes podem estar vivendo continuarão ativando o botão do conflito e revivendo os processos das perdas ósseas.

Quando tratamos a saúde bucal de forma holística, compreendemos que esses problemas não surgem apenas devido a fatores físicos, mas também como consequência de traumas e emoções não resolvidas. Portanto, a integração entre a odontologia integrativa e as Leis Biológicas tem criado as condições para uma verdadeira transformação na saúde e no bem-estar do paciente, de dentro para fora, expondo fragilidades, tornando-nos vulneráveis para assim podermos encontrar o caminho curador do amor-próprio. Essa percepção tem sido o mapa da minha cura desde que me permiti encarar como oportunidade de evolução todas as situações que minha boca e corpo estão vivendo.

A verdadeira transformação começa quando olhamos para dentro de nós mesmos e nos tornamos observadores da nossa luz e das nossas sombras. Somente ao confrontarmos nossos desconfortos e medos podemos avançar na jornada de evolução do nosso ser. O amor-próprio é a chave para manifestarmos a vida que desejamos, permitindo que nos aceitemos com compaixão e autenticidade. A conexão com o corpo, a presença meditativa e a natureza são pilares essenciais desse caminho. Praticante de yoga e filha da natureza, encontro uma “volta para casa” na respiração consciente e no contato com a terra — um convite a nutrição, pausa e harmonia. Com a boca e o corpo mais orgânicos, mais altas serão as frequências para acessar os códigos da nossa existência. O autoconhecimento e toda nossa verdadeira intuição podem nos guiar através do desconhecido, ajudando-nos a encontrar a força e a coragem para nos rendermos ao mistério da vida. Sentir-nos inteiros nos permite manifestar no mundo externo todas as ilimitadas transformações que podemos realizar primeiro em nós mesmos. E o primeiro passo pode estar dentro da boca.

O momento presente é o presente que o agora está oferecendo para o próximo passo na sua jornada de cura e transformação. Estou aqui para somar com você, através do Instagram ou outras redes sociais, em consultas presenciais ou on-line, com um foco especial em ritualísticas de detox de metais tóxicos na boca e no corpo, que podem estar diminuindo sua energia, para integrar corpo, mente e alma. Junte-se a mim nos *workshops* e retiros Saúde Vibrante, nas palestras e aulas, para compartilharmos saúde integral, alegrias e dores que, unidas e compartilhadas, permitem **ser** e **servir** com autoconhecimento e consciência. Faça sua inscrição no podcast Sorriso da Alma, disponível no YouTube e Spotify, em que trago convidados e conteúdos profundos para apoiá-lo(a) nessa jornada.

A compreensão de que somos interligados, tem um poder tremendo para liberar a percepção de separação, alcançando uma consciência mais elevada, sabendo que **somos um**.

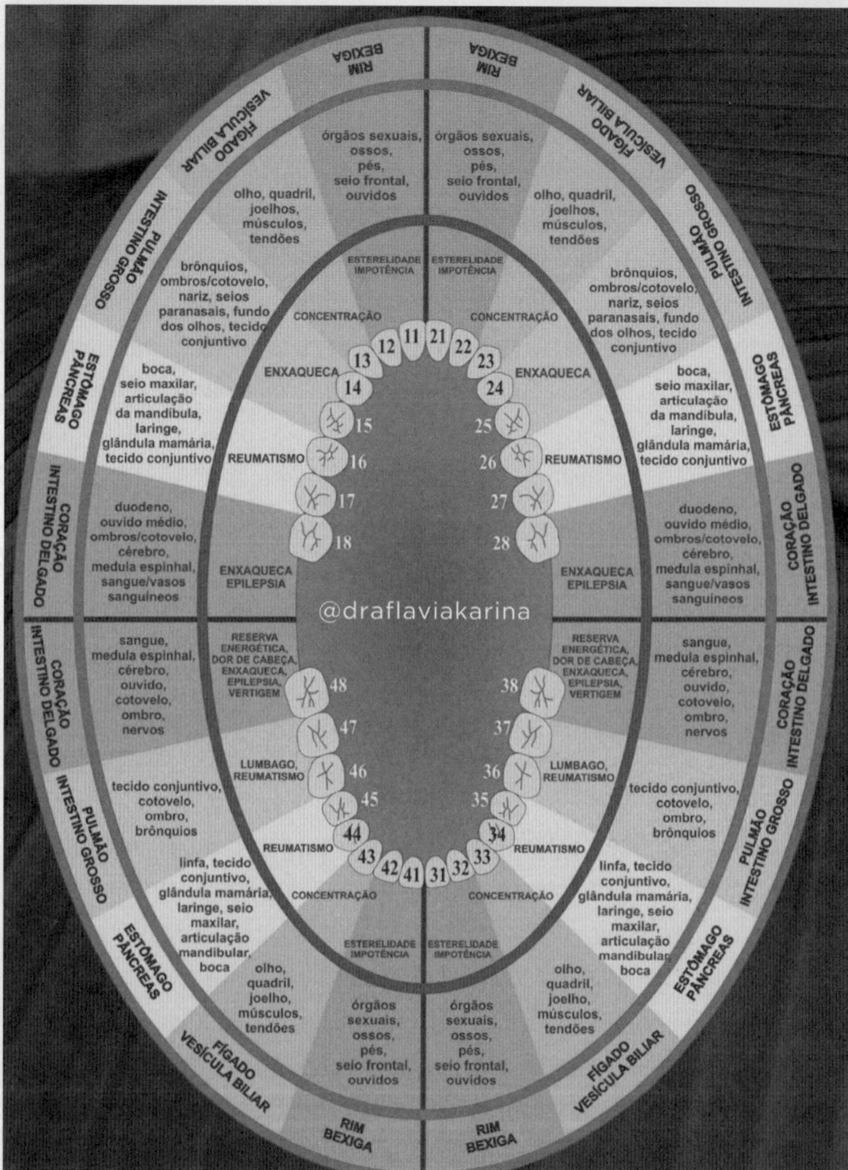
RIM
BEXIGA
FÍGADO
VESÍCULA BILIAR
PULMÃO
INTESTINO GROSSO
ESTÔMAGO
PÂNCREAS
CORAÇÃO
INTESTINO DELGADO
órgãos sexuais, ossos, pés, seio frontal, ouvidos
olho, quadril, joelhos, músculos, tendões
brônquios, ombros/cotovelo, nariz, seios paranasais, fundo dos olhos, tecido conjuntivo
boca, seio maxilar, articulação da mandíbula, laringe, glândula mamária, tecido conjuntivo
duodeno, ouvido médio, ombros/cotovelo, cérebro, medula espinhal, sangue/vasos sanguíneos
sangue, medula espinhal, cérebro, ouvido, cotovelo, ombro, nervos
tecido conjuntivo, cotovelo, ombro, brônquios
linfa, tecido conjuntivo, glândula mamária, laringe, seio maxilar, articulação mandibular, boca
olho, quadril, joelho, músculos, tendões
ESTERELIDADE IMPOTÊNCIA
CONCENTRAÇÃO
ENXAQUECA
REUMATISMO
ENXAQUECA EPILEPSIA
RESERVA ENERGÉTICA, DOR DE CABEÇA, ENXAQUECA, EPILEPSIA, VERTIGEM
LUMBAGO, REUMATISMO
11 12 13 14 15 16 17 18
21 22 23 24 25 26 27 28
31 32 33 34 35 36 37 38
41 42 43 44 45 46 47 48
@draflaviakarina

“O sorriso da alma
nasce quando nos
reconhecemos
no profundo
amor-próprio de
sermos únicos
e autênticos.”

Flávia Karina

Gabrielle Munhoz

Meu nome é Gabrielle Munhoz Rampelotto Dias. Sou filha de Nilzete e Carlos. Sou casada com Huzybeg e temos uma filha chamada Laís.

Sou fisioterapeuta de formação e, na busca de me encontrar profissionalmente, conheci as terapias integrativas com as quais atuo desde 2017.

Vejo que foi um presente de Deus conhecer as ferramentas com que trabalho hoje, como as Leis Biológicas, pois encontrei respostas que em lugar nenhum havia encontrado; pude ressignificar dores e transformar a minha vida tanto pessoal como profissional.

Além de terapeuta, sou mentora de mulheres que buscam uma transformação pessoal e minha missão é ser um instrumento de cura na vida daqueles que chegam até mim.

gabriellemunhoz
+55 (62) 98202-4462
www.gabriellemunhoz.com

13 MEDO: UM MECANISMO DE PROTEÇÃO BIOLÓGICA

Por Gabrielle Munhoz

Quantas vezes o medo já o(a) paralisou? Quantas coisas você deixou de realizar por conta do medo?

O medo é uma emoção universal, que todos experimentamos em algum momento de nossas vidas. Afinal, sua função biológica é nos proteger para garantir a nossa sobrevivência.

Toda vez que nosso corpo identifica um perigo, a amígdala cerebral é ativada, gerando uma resposta de luta ou fuga, assim como nos animais. Porém, o que nos diferencia deles é a nossa capacidade de raciocínio.

Mas sabe qual é o grande problema? Nosso cérebro é atemporal. Para ele, não existe passado, presente e futuro; tudo o que vivemos está registrado em nosso inconsciente, inclusive os medos. Estes, além de registrados, podem desencadear sintomas de diferentes maneiras.

Eu levei muitos anos para descobrir que as minhas crises de enxaqueca estavam ligadas à ansiedade; no meu caso, essa ansiedade nada mais era que o medo de não dar conta de algo, de nunca ser boa o suficiente e de não estar à altura para enfrentar o mundo.

Quando fiz o curso "Noções da Existência" com Rafael Livramento, compreendi a origem de muitos medos que me paralisavam. E, antes de prosseguir, já vou avisando que a viagem a partir de agora será transformadora, pois tenho certeza de que, através de minha história, você poderá entender como muitos acontecimentos de sua vida também o(a) colocaram em estado de alerta, trazendo grandes medos que se manifestaram por meio de irritações, agressividade, impaciência, dores, insônia, inapetência, procrastinação...

Enfim, eu poderia listar dezenas de sintomas! Mas lembre-se: foi preciso ser como foi para a sua sobrevivência.

Vamos lá! Quando meus pais engravidaram de mim, inicialmente meu pai não desejava ser pai. Já minha mãe queria muito uma menina, porque ela já tinha um menino, meu irmão Gustavo, que na época tinha 11 anos, de um casamento no qual o primeiro marido dela, pai dele, veio a falecer de câncer. Então, meus pais conversaram sobre ter filhos. Ele deixou claro que não gostaria naquele momento, mas minha mãe, persistente do jeito que é, falou: "Então eu vou ter uma filha e você será o pai". Sim, ela só comunicou a ele (risos). E assim ela fez. Engravidou e nos primeiros meses não contou para ele; manteve-se em silêncio até que as mudanças do corpo dela denunciassem a gravidez.

Depois que ele soube, foi se acostumando com a ideia e passou a ter o desejo de que eu fosse um menino, dando-me o nome de João Carlos, mesmo sem saber meu sexo. Minha mãe, por sua vez, sempre disse que eu seria uma menina e me chamaria Gabrielle.

Bom, mas o que isso tem a ver com os medos que eu trazia? Acontece que lá no meu início de vida fetal, eu entendi inicialmente que eu poderia não ser aceita pelo meu pai. Sim, um bebê em desenvolvimento intrauterino absorve todas as emoções da mãe e do ambiente em que ela está inserida. Além disso, eu entendi também que eu não poderia ser vista, pois minha mãe não contou que eu estava ali. Ah, sem falar no "perigo" de ser vista como uma menina, afinal, meu pai já não queria filho e depois que aceitou a ideia ainda queria um menino.

A partir desses acontecimentos e emoções, meu cérebro foi desenvolvendo várias percepções, mesmo que não fosse o pensamento deles em relação a mim. E assim começou a construção da minha identidade: cheia de medos e inseguranças.

Culpa deles? De jeito nenhum! Eles não tinham consciência dessas informações e, como adultos, nós sabemos que nossos pais fizeram o melhor que puderam por nós. Mas, enquanto isso, para um cérebro imaturo e infantil, existia um medo de ser vista, de desapontar o papai, de não ter um lugar no coração dele e em relação ao olhar dele. Dessa forma, eu não me sentia segura em ir para o mundo.

Lembram que eu disse que o nosso cérebro é regido por mecanismos de sobrevivência e que para ele tudo é atemporal? Pois bem, o registro que ficou no meu inconsciente como forma de proteção em relação a esses medos é que, definitivamente, eu não poderia ser vista.

Eu nasci e meus pais me amaram desde o primeiro momento. Meu pai se tornou um pai presente, protetor, cuidadoso e carinhoso até a separação deles, quando eu tinha sete anos. Depois disso, eu sempre soube do amor dele por mim, mas devido às circunstâncias, nossos caminhos tomaram rumos distantes. Mesmo meu pai mudando o comportamento com a minha chegada ao mundo — ao se fazer presente e protetor —, para o meu cérebro, as informações que reverberavam ainda eram de medo de não ser aceita e de não poder ser vista, pelo fato de o inconsciente não entender que esses medos aconteceram quando eu estava dentro da barriga da minha mãe, e que todos os possíveis perigos de abandono e rejeição tinham passado após o meu nascimento.

Esses medos me acompanharam por toda a minha vida. Mas não era algo explícito; eu não tinha esse entendimento e essa consciência. Porém, eles se manifestavam sempre que eu ia começar algo novo: uma mudança de escola, ao fazer novas amizades, depois nos relacionamentos amorosos e, mais tarde em minha profissão, afinal, mesmo tendo se passado mais de vinte anos, essas emoções haviam sido armazenadas no meu inconsciente durante a minha vida fetal e meu cérebro ainda não tinha ressignificado aquilo. Meu subconsciente não conseguia deixar o medo para trás, apesar das novas percepções e do entendimento de que aquele perigo de não ser aceita já tinha passado e tudo havia terminado bem.

Além do medo de não ser aceita, durante a minha infância, eu e minha família passamos por muitos problemas, o que sempre nos colocava em estado de alerta — uma noção de que o perigo estava por perto — e isso ativava o modo sobrevivência do meu cérebro, alimentando mais outros zilhões de medos durante meu crescimento.

Como já havia mencionado, eu sentia o medo de não ser boa o suficiente, o que me levava a sempre me comparar com o outro e, ainda assim, a não enxergar o valor que eu tinha. Eu tinha medo de não me sentir à altura para realizar algo, o que trazia uma sensação de insuficiência e sempre me colocava no modo de ter que aprender mais alguma coisa, mais um curso, na tentativa de reconhecer a minha capacidade.

Era como se eu estivesse sempre buscando uma aprovação, uma validação, porque a mensagem que me vinha à mente era clara: eu não podia desapontar o outro, eu não podia errar pelo medo da rejeição... "vai que não gostam de mim!". Sem falar que eu era uma criança desinibida, adorava dançar e, de repente, depois dos problemas que fomos enfrentando a partir dos meus 7 anos, parece que todos os gatilhos foram acionados e eu comecei a sentir vergonha, a não me expressar mais em alguns casos; até queria me esconder em muitas situações!

O medo da rejeição nos destrói; vai podando a nossa identidade. Temos medo de ser nós mesmos e nos diminuímos para caber no mundo do outro. Passamos a ter medo de dizer "não", de impor nossos limites, medo até de nos posicionarmos frente a situações desagradáveis. Até que chega o momento em que nosso potinho transborda e o corpo adoece, a alma adoece! Quando menos esperamos, não nos reconhecemos mais; parece que perdemos até nossa essência por estarmos sempre querendo agradar o outro.

Hoje eu posso dizer que uma das melhores coisas que já me aconteceram foi ter conhecido esse universo do autoconhecimento, principalmente dentro do "Noções da Existência", que traz as ferramentas das Leis Biológicas, nas quais sempre encontramos uma explicação para algo que nos adoece, limita e paralisa. O mais interessante disso tudo é que, ao trazer o problema para a consciência, surge a oportunidade de dar um novo significado para aquele acontecimento, liberando as informações desse subconsciente, mostrando que o perigo passou, que aquilo não faz mais parte daquele momento da vida. Dessa forma, conseguimos ressignificar a dor ou acontecimento que trouxe tanto medo e tantas consequências.

Quando resolvemos olhar para a nossa história, para as nossas origens, entendemos a raiz de muitos comportamentos e bloqueios que nos impedem de termos uma vida melhor. A partir disso, com a mudança de percepção, novas sinapses cerebrais se formam, o que nos possibilita vivermos novas emoções e novos comportamentos.

Então, se cheguei até aqui, contando um pouco da minha história, posso dizer com propriedade que muitos desses medos foram superados e ressignificados.

É muito libertador saber que tantos medos foram vencidos, sentir-se capaz de realizar novos projetos e trilhar novos caminhos; sentir-se seguro(a) o suficiente para conhecer novas pessoas, novos lugares; expor-se e posicionar-se sem medo do julgamento. E quando você aprende a falar "não", então? Que sensação maravilhosa! Mesmo correndo o risco de desagradar, isso já não importa, porque a partir de agora, você já sabe que quando diz "não" para o outro, diz sim para você mesmo(a), e tudo bem se o outro não entender o seu momento.

Eu sei que superar o medo pode ser muito desafiador, mas compreender a causa e entender que aquele sentimento foi necessário como um mecanismo de sobrevivência em determinado momento, já faz uma grande diferença e nos impulsiona a adotar novas atitudes. Afinal, agora o cérebro entende que aquele momento ficou no passado e não representa mais um perigo do qual é preciso se proteger.

Entenda, o medo é uma parte inevitável da experiência humana, mas não precisa ser um impedimento. Quando encarado de frente, ele nos impulsiona a crescer e a ultrapassar limites que antes pareciam intransponíveis.

Tendo superado muitos desses medos, já atendi mais de cinco mil pessoas no decorrer desses anos e consigo ajudá-las por meio de um compilado de técnicas que buscam a origem dos sintomas, a raiz das dificuldades relacionais, comportamentais e até mesmo financeiras. Além disso, também sou mentora de um grupo de mulheres que buscam essa transformação pessoal para que possam se sentir mais seguras e confiantes na vida.

"O medo não é um inimigo, mas sim um aliado silencioso que nos desafia a sermos mais corajosos."

Gabrielle Munhoz

Juliana Azevedo

Meu nome é Juliana Azevedo. Sou natural de Resende/RJ, e já morei em quase todas as regiões do Brasil, acompanhando meu marido militar. Agora, somos uma família de cinco: meu marido André, nossos filhos Daniel e Miguel, e nossa mascote Lolla.

Fisioterapeuta de formação, fiz transição de carreira e hoje atuo como terapeuta em Leis Biológicas, especializada em saúde da mulher e no transgeracional. Além disso, sou empresária do Marketing, no qual mentoreio outras terapeutas e empreendedoras, bem como administro perfis, com centenas de horas de atendimentos individuais e em grupo, atendendo a pacientes e clientes no Brasil e no exterior.

julianaazevedo.mkt

+55 (24) 99977-4538

14 QUEM É VOCÊ? IDENTIDADE E POSICIONAMENTO

Por Juliana Azevedo

No mundo moderno, digital e globalizado, ofertar serviços pelas redes sociais representa tanto uma grande oportunidade quanto um desafio singular para terapeutas. A internet, especialmente através de plataformas como o Instagram, tornou-se a vitrine onde a prática profissional se encontra com a história pessoal, criando um espaço de conexão direta com o público. Contudo, muitos profissionais ainda operam de forma fragmentada, mantendo uma fachada polida e afastando o lado humano que tanto atrai e inspira seus seguidores.

Para muitos, a comunicação digital se resume à exibição de conteúdos técnicos e esteticamente bem produzidos, mas a verdadeira conexão acontece quando a pessoa por trás do profissional se revela, com suas experiências, desafios e autenticidade. É essa junção — do autoconhecimento com a expertise profissional — que cria um posicionamento sólido e memorável.

O desafio central enfrentado por terapeutas reside na dificuldade de integrar as experiências pessoais com a prática profissional. Muitos de nós nos deparamos com um dilema: manter uma persona protegida, dissociando o CPF (o lado pessoal, com toda sua humanidade e vulnerabilidade) do CNPJ (a imagem idealizada e "perfeita" do profissional). Essa estratégia de separação cria uma barreira, levando à produção de conteúdos que, embora tecnicamente corretos e visualmente atraentes, carecem de alma e não estabelecem conexões reais com quem os consome.

Além dessa dicotomia, nossos conflitos biológicos atuam como um entrave adicional. Falaremos disso adiante.

A consequência de não integrar o desenvolvimento pessoal com a prática profissional é não conseguir se destacar na mente do público. Conforme exposto por Al Ries e Jack Trout, em *Posicionamento: a batalha por sua mente* (1981), o objetivo é ser a marca ou a pessoa que primeiro vem à mente quando se pensa em determinada solução.

Com o perfil esteticamente perfeito, porém sem alma, a mensagem acaba se perdendo. A falta de autenticidade impede que os seguidores enxerguem o terapeuta como alguém que, além de capacitado, também enfrentou os mesmos dilemas e superou desafios pessoais. Assim, o potencial de transformar vidas é comprometido, e a oportunidade de se posicionar como referência em um mercado cada vez mais competitivo fica distante.

Os ensinamentos de Al Ries e Jack Trout mostram que, em um mundo saturado de informações e ofertas, a única maneira de se destacar é criar uma imagem única e inesquecível na mente do público (Ries; Trout, 1981). Para o terapeuta, esse posicionamento não está apenas em dominar técnicas ou metodologias, mas, sobretudo, em comunicar uma história pessoal que ressoe com as dores e anseios de quem busca transformação.

O posicionamento eficaz implica ser autêntico, o que significa assumir tanto as qualidades quanto as fragilidades, mostrando a jornada de superação e evolução. Essa postura cria uma impressão duradoura, na qual o terapeuta é visto como alguém que viveu as experiências e, portanto, tem a credibilidade necessária para ajudar os outros a superar seus próprios desafios. Ao se posicionar de maneira clara, a mensagem deixa de ser simplesmente mais um ruído no ambiente digital, tornando-se um verdadeiro convite à transformação.

Quando falamos de conflitos biológicos, estamos nos referindo aos bloqueios internos que surgem do encontro com nossa própria essência. Os conflitos de identidade fazem com que o terapeuta se sinta dividido entre o que é e o que acredita ser necessário mostrar para o mercado. Essa tensão pode levar a um posicionamento inconsistente, no qual a pessoa não se reconhece mais, e esse desalinhamento é percebido pelo público, que busca autenticidade.

O conflito de desvalorização/impotência, por sua vez, manifesta-se quando o terapeuta se enxerga como incapaz de fazer a diferença, mesmo diante de uma bagagem rica de conhecimento e experiência. Esse sentimento pode paralisar a capacidade de se posicionar de forma assertiva, gerando insegurança na hora de comunicar sua missão nas redes sociais. Quando o sentimento de impotência domina, hesitamos em transmitir nossa mensagem, impedindo que nosso verdadeiro potencial se manifeste.

Já os conflitos de ataque à integridade surgem da constante sensação de que toda exposição pessoal pode resultar em críticas ou julgamentos que afetem a imagem construída ao longo dos anos. Essa barreira defensiva faz com que o terapeuta crie uma espécie de "casca", uma proteção que, ironicamente, o distancia daqueles que poderiam se identificar e se beneficiar de sua abordagem. Ao tentar proteger sua imagem profissional, o terapeuta perde a oportunidade de se conectar genuinamente, o que é essencial para construir uma relação de confiança e credibilidade com o público.

Ao longo dos anos trabalhando principalmente com terapeutas, constatei que o aprimoramento pessoal é o cerne de um posicionamento eficaz. Foi por meio do autoconhecimento que pude identificar e enfrentar meus próprios conflitos, e foi essa vivência que me levou a desenvolver a metodologia de Marketing Integrativo, baseada em três pilares:

- autenticidade, essência e diferenciação: mostre sua singularidade e permita-se ser vulnerável, pois essa postura cria uma conexão imediata e profunda com o público;
- propósito, nicho, público e problema: entenda o motivo pelo qual você escolheu sua área e alinhe sua mensagem com as reais necessidades e dores do seu público;
- estratégia e Comunicação Autêntica: estruture uma comunicação que traduza sua verdadeira identidade, superando os bloqueios e barreiras impostas pelos conflitos biológicos.

Esses pilares não só auxiliam na lapidação da mensagem, mas também fortalecem o posicionamento do terapeuta, transformando a presença nas redes sociais em um reflexo fiel do seu ser e da sua missão.

Diversos casos de clientes que acompanho na minha empresa de marketing comprovam esse modelo: terapeutas que, ao se dedicarem ao autoconhecimento, conseguiram superar bloqueios e lapidar seus perfis, tornando-se verdadeiros canais de conexão e engajamento. Em suas trajetórias, muitos descobriram na prática que "você só leva seu paciente até onde você já foi". Essa máxima, propagada pelo meu mentor e professor Rafael Livramento (2019), reflete a importância de estarmos, nós próprios, em constante evolução.

Michelangelo, um dos maiores artistas do Renascimento, dedicou sua vida a revelar a perfeição oculta na matéria bruta. Essa analogia busca inspirar os profissionais a enxergarem dentro de si o mesmo potencial escondido, que só pode ser revelado por meio do autoconhecimento e do enfrentamento dos próprios conflitos. Ao compararmos nossa jornada de desenvolvimento à criação da escultura de Davi, vemos a importância de reconhecer e transformar as imperfeições para alcançar uma expressão autêntica e singular.

Michelangelo encarou a criação de Davi como um processo de descoberta, vendo na pedra um futuro gigante a ser revelado. Ele assumiu o desafio de transformar um bloco de mármore rejeitado por sua aparência irregular e, com dedicação, evidenciou a forma perfeita latente na pedra. Esse processo de enxergar além da superfície nos ensina que cada pessoa, por mais imperfeita que possa parecer, possui uma essência que só precisa ser lapidada para se manifestar plenamente.

No ofício de esculpir Davi, o mestre adotava a estratégia de "remover o supérfluo", eliminando as partes que não correspondiam à visão da beleza ideal. Da mesma forma, o desenvolvimento pessoal exige que enfrentemos e superemos nossas barreiras internas, permitindo que a nossa verdadeira identidade venha à tona. Assim como o Davi de Michelangelo, nossa evolução não é imediata ou perfeita de imediato – é um processo contínuo de descoberta e aperfeiçoamento, em que cada desafio é uma oportunidade de revelar toda a nossa autenticidade e potencial.

A mensagem que desejo passar neste capítulo é clara: para levar nossa missão adiante, é indispensável abraçar tanto o lado pessoal quanto o profissional. O autoconhecimento não é uma etapa separada ou um luxo; ele é a fundação sobre a qual construímos nossa capacidade de inspirar e transformar a vida de nossos pacientes e seguidores.

Ao mostrar quem somos — com nossas forças e fragilidades — rompemos com o molde imposto de perfeição e criamos conexões reais. Assim, você, terapeuta, é convidado a refletir: que parte de sua essência ainda não foi explorada? Que bloqueios você precisa enfrentar para se aproximar mais de sua própria verdade?

O caminho não é simples, mas os resultados são evidentes. Quando se integra a jornada pessoal à prática profissional, cada post, cada atendimento e cada interação nas redes sociais têm o potencial de tocar a vida de alguém. Afinal, as pessoas se conectam com pessoas, e as histórias verdadeiras abrem portas para um mundo de possibilidades.

Assim como na famosa escultura do Davi de Michelangelo, na qual o artista transformou um bloco de mármore aparentemente imperfeito em uma obra-prima, cada pessoa tem o potencial de se lapidar e revelar sua verdadeira essência. O processo é de descoberta constante, em que cada desafio pessoal e profissional é um passo em direção a uma imagem mais clara, impactante e transformadora.

Permita que suas vulnerabilidades e superações se transformem na base de uma comunicação que transcende o superficial, tornando sua história pessoal e prática profissional um farol para aqueles que buscam não apenas cura, mas uma revolução na forma de enfrentar os desafios cotidianos.

Ao levantar a bandeira da sua autenticidade e se inspirar na sua própria trajetória, suas redes se tornarão um reflexo vibrante de quem você realmente é, elevando seu posicionamento profissional e fazendo de você um agente de mudança, capaz de transformar o cenário digital, conectar corações e transmitir sua mensagem de maneira genuína e impactante.

BIBLIOGRAFIA

LIVRAMENTO, R. Curso "Noções da Existência", 2019.

RIES, A.; TROUT, J. *Posicionamento*: a batalha por sua mente. São Paulo: McGraw-Hill do Brasil, 1981.

VASARI, G. *Vidas dos mais excelentes pintores, escultores e arquitetos*. Tradução de George Bull. Londres: Penguin Classics, 1971.

“Revele quem você realmente é e transforme suas redes em pontes de inspiração e transformação.”

Juliana Azevedo

Juliana Fonseca

Sou Juliana, bióloga de formação, terapeuta integrativa com especialização em Naturopatia e Leis Biológicas (Nova Medicina Germânica) e estudante de psicanálise. Natural de São José dos Campos/SP, sou casada com Alexandre e mãe dos incríveis Raquel e Pedro. Coautora do livro *Não seja refém dos seus sintomas*, minha grande paixão é ajudar pessoas a compreenderem como suas emoções influenciam sua saúde e bem-estar. Nosso corpo tem uma inteligência biológica própria e se comunica conosco o tempo todo. Hoje, realizo programas terapêuticos e atendimentos on-line para levar não apenas conhecimento, mas também cura. Espero que esta leitura traga novos *insights* e o(a) ajude a enxergar sua própria história de uma forma diferente.

juliana_fonsecaterapia

+55 (12) 98889-4663

Códigos da
EXISTÊNCIA

15 BLOQUEIOS BIOLÓGICOS INCONSCIENTES NA PROCRIAÇÃO

Por Juliana Fonseca

Desde os primórdios da humanidade, a procriação é um instinto essencial para a sobrevivência da espécie. No entanto, para além da biologia, nossa percepção de segurança ou ameaça pode influenciar diretamente esse processo. O corpo responde não apenas a fatores físicos, mas também a estímulos emocionais e inconscientes que podem ativar mecanismos biológicos de proteção.

Neste capítulo, exploraremos como percepções de perigo — conscientes ou não — podem impactar a fertilidade, a gestação e o desejo de gerar uma nova vida. Afinal, quando o inconsciente identifica um risco, ele pode interferir nesse processo como forma de preservar a sobrevivência do indivíduo e da linhagem.

Para preservar a identidade da paciente, utilizarei o nome fictício **Clara**. Embora sua história seja única, os desafios que enfrenta são comuns a muitas pessoas que lidam com emoções profundas diante de questões como saúde, maternidade e relacionamentos.

Clara me procurou em um momento delicado, buscando apoio para lidar com a recidiva do câncer testicular de seu marido. Inicialmente, sua preocupação era com ele, mas, conforme conversávamos, ficou claro que essa situação também despertava conflitos internos que ela ainda não havia enfrentado completamente. Quando o conheceu, já sabia que ele não poderia ter filhos — e, na época, isso não parecia um problema, ou pelo menos era o que ela acreditava sentir.

Agora, diante da doença e da impossibilidade definitiva de gestar, Clara começou a se questionar sobre seus verdadeiros desejos. A situação trouxe à tona emoções que talvez nunca tivessem sido exploradas, gerando um conflito interno entre aquilo que sempre afirmou querer e o que, do mais profundo de seu ser, começava a emergir.

No primeiro encontro, Clara contou que era a caçula e que sua mãe teve quatro abortos. Isso logo me fez refletir sobre sua escolha por um parceiro que não pudesse ter filhos.

Conforme íamos conversando, Clara me trazia muitos fatos relevantes de sua história, principalmente de seu nascimento e sua infância. Relatou que sua mãe apresentou varizes pélvicas durante sua gestação e que correu certo **perigo de vida** nesse período. As varizes pélvicas são veias dilatadas e tortuosas que afetam principalmente as mulheres. Elas costumam surgir ao redor do útero, das trompas e dos ovários. As veias dessa região são fundamentais para a drenagem venosa. Quando há dificuldade no retorno do fluxo sanguíneo ao coração, as varizes pélvicas podem se desenvolver. Isso ocorre, por exemplo, quando as veias pélvicas se alargam para acomodar o feto e podem não retornar ao tamanho normal após o parto.

Clara também relatou ter apresentado Síndrome de Kawasaki quando bebê. Essa síndrome, também conhecida como Doença de Kawasaki, é uma inflamação dos vasos sanguíneos que afeta principalmente crianças de 0 a 5 anos. Embora seja uma condição rara, é a principal causa de cardiopatia adquirida na infância. Clara cresceu saudável, apesar da condição quando criança.

Conforme Clara me contava sua história, eu já conseguia fazer muitas relações de todos os possíveis conflitos biológicos vivenciados, primeiramente por sua mãe durante a gestação e, consequentemente, por Clara.

A conexão entre os conflitos vivenciados pela mãe de Clara e os impactos biológicos disso em sua vida ilustram perfeitamente o que descreve Candace Pert — PhD, psicofarmacologista internacionalmente reconhecida e autora do influente livro *Moléculas da emoção*. Em suas pesquisas, Candace descobriu que as emoções não ficam restritas à mente, mas se manifestam em todo o corpo. Cada pensamento e sentimento que temos desencadeia uma cascata bioquímica capaz de impactar todas as células do nosso organismo. Se as emoções produzem substâncias que afetam todas as células do corpo, por quais emoções a mãe de Clara passou durante sua gestação? Afinal, Clara estava se desenvolvendo e crescendo celularmente dentro de sua mãe, correto?

No capítulo "A conexão invisível — como herdamos emoções", que escrevi em coautoria com colegas terapeutas para o livro *Não seja refém dos seus sintomas — voltando ao meu lugar*, trago trechos e reflexões sobre o papel da epigenética, que comprova como o ambiente e as experiências pelas quais passamos podem ser transmitidos às próximas gerações.

Segundo as Leis Biológicas, entendemos que os **choques biológicos** vivenciados pela mãe durante a gestação podem ser transmitidos ao filho, programando sua fisiologia e seus padrões emocionais ao longo da vida.

Em seu livro *Efeito lua de mel*, o famoso biólogo celular Bruce Lipton apresenta o ABC da biologia mente-corpo, relatando que todos os organismos reagem às informações do ambiente.

- **A**: no processo de **percepção**, o cérebro capta informações do ambiente (sussurros, sons, cheiros, temperatura, dor etc.) que são registradas pelos receptores do sistema nervoso.
- **B**: com base no instinto e nas experiências de vida, a mente avalia os sinais recebidos e faz uma **interpretação**, um julgamento de valor sobre seu significado em relação à sobrevivência.
- **C**: essa interpretação que a mente faz dos sinais induz o cérebro a liberar elementos neuroquímicos que fazem o **corpo reagir** de maneira a ativar comportamentos de proteção à vida, ou simplesmente ignorar os sinais, caso não sejam relevantes para a sobrevivência.

A interpretação de Bruce Lipton é muito relevante para complementar o estudo da Medicina Germânica, pois, assim como ele descreve a influência das emoções na biologia do corpo, essa abordagem postula que os conflitos emocionais inconscientes afetam diretamente a saúde física, desencadeando doenças conforme o tipo de conflito vivido. Embora dr. Hamer, pai da Medicina Germânica e das Cinco Leis Biológicas, não tenha escrito literalmente a frase: "Toda enfermidade é uma solução biológica para um conflito emocional inconsciente, não resolvido, e compreender e tornar consciente a origem do sintoma detém a doença até sua remissão", em suas obras publicadas, esta expressão tornou-se uma forma acessível de resumir a base do seu pensamento.

No caso de Clara, ficou evidente o motivo inconsciente de sua escolha por um parceiro que não pudesse ter filhos. Após nossa sessão, sua irmã revelou algo que ela desconhecia: ao anunciar a gravidez, sua mãe enfrentou a desconfiança do marido, que suspeitou da paternidade por estar viajando na possível data da concepção. Isso confirmou exatamente o que eu havia dito a Clara sobre sua mãe ter passado por um conflito biológico de desvalorização. E foi o elo que faltava para que ela compreendesse sua história.

Vamos agora juntar as peças do quebra-cabeça de Clara?

Durante a gestação, a mãe de Clara enfrentou um intenso conflito emocional ao ter sua gravidez questionada pelo marido. A desconfiança e rejeição que ela sentiu desencadearam uma profunda sensação de **desvalorização**, **desproteção** e **medo** de perder o vínculo com seu bebê, agravada pelas perdas e abortos anteriores que havia sofrido. O útero, que deveria ser um espaço de segurança e acolhimento, transformou-se em um ambiente de tensão e incerteza.

Como reflexo desse conflito, a mãe desenvolveu varizes pélvicas, que, segundo as Leis Biológicas, estão associadas a sentimentos de impotência em relação à filiação, à desvalorização e à percepção de não ser capaz. As veias, cuja função é drenar o sangue e eliminar substâncias residuais do metabolismo celular — promovendo a purificação e a limpeza do organismo —, expressam simbolicamente essa tentativa de eliminar a 'sujeira' emocional vivida por ela. O impacto da desconfiança do pai foi evidente no corpo da mãe, gerando um estado de vulnerabilidade e angústia que a levou a se sentir desprotegida, desvalorizada e impotente. O corpo de Clara, em desenvolvimento, registrou essa informação em nível biológico. Após o nascimento, ao perder o contato direto com a mãe e não mais estar envolta pelo ambiente uterino, o choque da separação pode ter **ativado um programa biológico de emergência**, manifestado na inflamação dos vasos sanguíneos. As artérias inflamadas e dilatadas refletem uma tentativa do corpo de **aumentar o fluxo sanguíneo para compensar a sensação de perda e de ameaça à sobrevivência**. Assim, segundo as **Leis Biológicas, a Síndrome de Kawasaki** pode ser compreendida como uma manifestação da tentativa do corpo de **solucionar um conflito vivido em nível inconsciente**, trazendo à tona o impacto emocional sofrido pela mãe e transmitido a Clara durante a gestação. Além disso, a dúvida paterna sobre sua filiação pode ter gerado nela um **conflito de identidade**, pois sua própria existência foi questionada antes mesmo de seu nascimento.

Após algumas sessões, Clara conseguiu compreender os conflitos vivenciados por ela e por sua mãe, trazendo clareza e sentido ao momento que estava atravessando. Percebeu que a escolha do parceiro não havia sido aleatória, mas sim uma resposta inconsciente aos perigos que carregava de sua história. Sua biologia, em um mecanismo inteligente de autopreservação, a levou a escolher um parceiro com quem, de certa forma, não poderia gestar, evitando assim reviver aquele conflito. Essa nova consciência permitiu que Clara ressignificasse sua história e iniciasse um processo de transformação interna, que trouxe mais segurança em suas escolhas e um novo olhar sobre si mesma e seus relacionamentos.

Nosso corpo carrega uma sabedoria impressionante e fará de tudo para garantir nossa sobrevivência, mesmo que, muitas vezes, essa proteção ocorra de maneira silenciosa e inconsciente.

BIBLIOGRAFIA

FONSECA, J. A conexão invisível: como herdamos emoções. *In*: WACHHOLZ, A. *Não seja refém dos seus sintomas*: voltando ao meu lugar. Barueri: Chave Mestra, 2024.

LIPTON, B. H. *Efeito lua de mel*. São Paulo: Butterfly, 2023.

PERT, C. *Molecules of Emotion*: The Science Behind Mind-Body Medicine. New York: Scribner, 1997.

“A conexão entre
mente e corpo
é mediada por
processos biológicos
inteligentes que
garantem nossa
adaptação
e sobrevivência.”

Juliana Fonseca

Laís Miguel

Eu me chamo Laís Miguel Franco Ribeiro. Sou esposa do Leonardo e mãe do Guilherme. Sou natural de Goiânia/GO e resido em Varginha/MG.

Sou fisioterapeuta e há mais de 10 anos atuo no campo da saúde integrativa. Apaixonada por essa visão holística do ser humano (mente, corpo e espírito), realizei mais de 30 cursos na área no Brasil e no exterior. Já ministrei aulas de algumas técnicas nesse campo e sempre tive um anseio de buscar a raiz por trás dos sintomas de cada paciente. Foi assim que desenvolvi, ao longo desses anos, meu próprio método para ajudar mulheres que têm o sonho de ser mãe, e por algum motivo não conseguem. O Método MEM já tem mais de 40 bebês que vieram ao mundo para alegrar essas famílias. E o número continua crescendo.

dra_laismiguel
+55 (35) 98865-0459

16 O PARADOXO BIOLÓGICO: FERTILIDADE APÓS OS 35 ANOS

Por Laís Miguel

Gostaria de trazer para vocês uma reflexão profunda sobre a idade em que as mulheres são programadas para ter filho. Existe um consenso de que se deve ter filhos até tal idade, pois além disso é algo impossível, errado, feio, perigoso e assim por diante.

A idade em que as mulheres têm filhos passou por mudanças significativas nas últimas décadas, e isso se deve a fatores que envolvem nosso meio cultural, social e econômico. Em meados do século XX, as mulheres tinham filhos por volta dos 20, 25 anos, casavam-se muito jovens e, logo após, já engravidavam. Devemos lembrar que, nessa época, muitas mulheres não tinham profissão; elas viviam para o lar. Era comum que, muito novas, tivessem muitos filhos, e em sequência. Ter filhos rapidamente era uma necessidade cultural e social, pois a maternidade era vista como o papel central da vida feminina.

Com o aumento do acesso à educação e a entrada das mulheres no mercado de trabalho, muitas optaram por adiar a maternidade para se concentrar em suas carreiras e desenvolvimento pessoal. Nossas avós, bisavós, e antes delas, nunca tiveram a oportunidade de cuidar das feridas emocionais que iam surgindo ao longo de suas vidas, e esse fenômeno hoje repercute em nossa geração, pois estudos recentes conseguem comprovar que os chamados traumas transgeracionais passam por até quatro gerações.

Atualmente, a idade em que a maioria das mulheres escolhe ser mãe — afinal, essa é uma escolha da mulher, pois é ela quem decide quando irá engravidar, biologicamente falando — está por volta dos 35 anos ou mais. Consigo comprovar isso no meu dia a dia. Muitas das mamães que passaram pelo meu método têm mais de 40 anos. Eu mesma fui mãe aos 36 anos de idade. Tinha várias aspirações pessoais, relacionais e profissionais, e optei por percorrer esse caminho até quando senti que daria para viver um momento tão especial como o de gerar uma vida. Diante de tudo o que estudei, sabia da importância de se preparar para esse processo.

Antigamente, acreditava-se que ter um filho depois dos 30 anos traria severas consequências tanto para a mãe quanto para a criança. Mas a medicina evoluiu bastante e sabemos que, para a mulher e para quem irá acompanhá-la nesse processo, é muito mais favorável se preparar para receber uma nova vida do que correr para ter um filho e não estar preparado(a) para tal mudança.

O nosso Projeto Sentido começa a contar 18 meses antes do nascimento, ou seja, o motivo pelo qual somos gerados já está implícito nas características que traremos ao nascer. A preconcepção, que envolve a fase dos 72 dias antes da concepção para a neurociência, é uma fase de extrema importância. Nessa fase, tanto a mulher quanto o homem devem estar atentos a sua saúde física e emocional, pois isso irá impactar diretamente na qualidade do embrião que irá se formar. Devemos lembrar também dos mecanismos epigenéticos que atuam nessa fase; nosso meio (social, cultural, econômico e político) também pode interferir no processo. Em um mundo ideal, todos os casais deveriam se preparar para ter um bebê, mas é claro que isso ainda está longe de ser a realidade.

Através do olhar das Leis Biológicas e da análise dos padrões transgeracionais, conseguimos acessar a raiz das dificuldades vivenciadas pelas mulheres que não conseguem engravidar. Algumas apresentam condições físicas que dificultam o processo, como endometriose, adenomiose, ovários policísticos, ciclos menstruais desregulados ou ausentes por vários meses, baixa reserva ovariana, alterações nas trompas, alterações hormonais.

Porém, existe também o outro lado da história. Mulheres saudáveis do ponto de vista medical, com todos os exames normais, nenhuma alteração, mesmo assim não conseguem engravidar. E é aqui que se encontra a beleza do nosso trabalho. Vamos, juntas, trilhar um caminho de busca e pesquisa profunda na vida e na história dessa mulher, desse casal, para entender quais são os conflitos biológicos por trás dessa dificuldade. Qual o perigo em gerar/parir um filho? Ou qual a vantagem daquele sistema familiar não gerar descendentes?

Vamos olhar para alguns exemplos práticos. Chegou até mim uma mulher de 35 anos, com diagnóstico de endometriose profunda e as duas trompas entupidas. De acordo com os médicos, ela só poderia fazer uma fertilização *in vitro*, e precisava retirar as duas trompas. No auge de uma depressão após receber esse diagnóstico, ela procurou minha ajuda. Pedi a ela quatro meses e que, passado esse tempo, ela poderia seguir com o tratamento sugerido pelo médico; assim, entramos em um acordo. Ela confiou em mim e começamos o processo. A endometriose esconde, na verdade, conflitos de dificuldade e impotência de segurar um bebê, e até mesmo de nidificar (vingar) essa gestação. E o conflito das trompas entupidas mostra que ela não estava segura com o parceiro, ela não tinha certeza de que ele seria um bom pai para os filhos dela.

Além disso, fiz uma limpeza e desintoxicação do corpo dela com alguns suplementos no intuito de preparar seu útero para receber um feto. Quando estávamos na terceira sessão, depois de conseguirmos olhar para todas aquelas questões e ressignificar o conflito, ela engravidou. Teve uma primeira filha, linda e saudável. Menos de dois anos após, ela engravidou novamente e naturalmente.

O segundo caso que gostaria de compartilhar com vocês é o de uma mulher de 40 anos. Ela chegou até mim após ter passado por dois abortos espontâneos em um período de dois anos e tinha acabado de fazer uma FIV (fertilização *in vitro*) sem sucesso. Fomos, então, entender o que estava acontecendo com ela. Chegamos a informações de conflitos relacionados a ter filhos que vinham da família dela: a mãe é adotada e, no lado do pai, existem casos de filhos fora do casamento que não foram reconhecidos. Crianças na família que ficaram órfãs muito cedo. Nesse caso específico, essa paciente não tinha sintomas físicos; tudo estava normal, porém havia ali todo um trauma transgeracional, no qual ter filhos era sinônimo de perigo. Realmente houve abandono, rejeição, não reconhecimento da paternidade, e orfandade. Após olharmos para essas questões e ressignificarmos toda essa história familiar, ela conseguiu engravidar naturalmente e ter seu bebê, que hoje é motivo de muita alegria para essa família.

Na visão das Leis Biológicas, todo sintoma é um ganho de tempo na natureza. Ele aparece para que tenhamos tempo suficiente para resolvermos determinadas situações. O sintoma, diferentemente do que a cultura geral prega, não é nosso inimigo, e sim nosso amigo. Ele mostra que algo não vai bem em algum campo da nossa vida. Todos temos alguma temática específica pela qual apresentamos mais facilidade de desenvolver um ou outro sintoma.

Há pessoas com problemas intestinais, outras apresentam problemas de pele, outras sofrem com dores no corpo. Já parou para pensar que todos trazemos uma bagagem? Isso significa que nascemos com hereditariedades genéticas e epigenéticas.

A epigenética retoma o padrão dos comportamentos e crenças que faziam parte de gerações anteriores, assim como os traumas e feridas não curadas lá atrás. Se mantivermos um olhar empático para essas questões, em vez de adotar uma postura vitimista, podemos olhar para todo esse passado com amor e gratidão a tudo o que foi vivido antes de nós. Sem isso não estaríamos aqui e, a partir desse ponto, agradecemos a oportunidade de poder fazer diferente e melhor para as próximas gerações.

Decidi desenvolver meu método para ajudar essas mulheres a realizarem seu sonho de serem mães, pois acredito muito que precisamos de crianças saudáveis não apenas fisicamente, mas também (e principalmente) no aspecto emocional, para que possamos viver em um mundo mais harmônico e em paz. Uma criança que já nasce em um lar onde seus pais estão equilibrados, preparados e seguros consegue se desenvolver com muito mais facilidade.

No sistema nervoso autônomo, dois mecanismos importantes atuam no nosso dia a dia: o sistema de luta ou fuga, e o sistema de segurança (vago ventral). Para a mulher conseguir engravidar, ela precisa se sentir segura; o ninho precisa estar pronto; o parceiro precisa protegê-la, biologicamente falando, para que essa gestação aconteça de maneira tranquila.

Outra questão que vivenciei em minha rotina são as dificuldades em parto. Se analisarmos nossa terceira geração acima, veremos ali muitas questões relacionadas a perigos no parto: bebês muito grandes, uso de fórceps, bebês que entalaram na hora de nascer, bebês sentados ou em posições não propícias para o parto vaginal. Naquela época, eram partos realizados em casa, com parteiras, mulheres que traziam uma sabedoria muito grande nessa área, mas lhes faltavam recursos em casos de emergência. Por isso, muitas mulheres faleciam no parto, deixando vários outros filhos, ou tinham bebês que nasciam e morriam pouco tempo depois. Para as Leis Biológicas, são os nossos pré-programantes, ou também chamados traumas transgeracionais.

Com muita frequência, realizo consultas com mulheres que querem ser mães, mas que abominam a ideia de pensar no parto; já marcam a cesárea antes mesmo de o bebê dar sinal de que está pronto para nascer. Esse medo instintivo vem dessas histórias, dessas mulheres de nossa família.

Que possamos trazer um pouco mais de luz às nossas sombras, acolhendo-nos com amor e carinho para curar esse feminino que vem repleto de dores por tantas e tantas gerações. Só assim poderemos ser mulheres e mães melhores para nossos pequenos.

“Uma mulher curada gera crianças que se transformarão em adultos saudáveis, espalhando amor e esperança pelo mundo.”

Laís Miguel

Lara Stella Seyboth Renó

Meu nome é Lara Stella Seyboth Renó. Sou esposa do Toti e mãe da Linah e da Olivia. Sou terapeuta, mulher, humana.

Eu me vejo como um ser plural, encantada pela vida e apaixonada por gente, que se deleita em descobrir o que cada pessoa traz de singular e extraordinário, de misterioso e único nesta existência.

Entre mudanças geográficas e psíquicas, pude ver a vida fazendo movimentos, tecendo tramas, abrindo caminhos e possibilidades que me conduziram à minha essência e verdade. Foi dessa jornada que nasceu meu método terapêutico, que integra tudo o que vivi e aprendi.

Hoje, 16 anos depois, sigo trabalhando com uma astrologia mais que humana, uma astrologia biológica: corpo, mente e alma conectados.

Gratidão ao Universo pelo amor e sabedoria que sempre me guiaram, mesmo quando eu não percebia.

larastella_reno
+55 (41) 99294-3004
Lara Stella Renó
larastella.sreno@gmail.com

Códigos da EXISTÊNCIA

17 ASTROLOGIA E LEIS BIOLÓGICAS: TRANSFORMANDO MEMÓRIAS

Por Lara Stella Seyboth Renó

Minha construção como terapeuta foi lenta, longa e orgânica — como em uma gestação, na qual eu não sabia ou percebia que estava sendo transformada. Sempre fui apaixonada pela alma humana.

Em minha primeira formação como arquiteta e urbanista, encantava-me a arquitetura vernacular, o pequeno grupo, a família.

Ao fazer pós-graduação em Psicologia, minha vida tomou um curso inesperado. Eu me tornei mãe e fiz, com minha família, uma mudança de cidade, de estado, abandonando tudo o que conhecia de mim: minha família de origem, profissão, independência financeira, meus amigos, minha história.

Um caminhar exigente, desconhecido e desafiador. Início paradoxal, pois estava muito feliz em ser mãe e acompanhar, sem preocupações financeiras, o crescimento de minhas filhas e viver essa família tão especial que construímos, mas, ao mesmo tempo, havia um vazio, pois não existia mais tudo o que eu acreditava ser.

Foi então que um livro me "encontrou". Sua mensagem, falando do poder feminino criativo e primordial, dizia: "Se nutra!" (Estés, 1994). Obedeci, como em um ímpeto de renascimento, como quem sai de um longo inverno da alma.

Eu busquei e o Universo me trouxe, com sabedoria e amor, tudo o que eu precisava.

Paralelamente ao meu propósito de ser mãe e parceira do meu esposo, que sempre me apoiou, fiz diversas formações: reiki, florais de Bach, acupuntura auricular, ikebana, equitação e, como um presente dos céus, veio a Astrologia.

Foi por ela que obtive clareza e pude compreender o que estava se formando em mim; todas as minhas "escolhas" até ali. Descobri minha essência, minha identidade, acessei áreas desconhecidas da minha psiquê. Compreendi os movimentos transpessoais dos astros, que nos tomam de assalto, para nos conduzir ao que somos realmente: me rendi!

Segui o caminho com o Tarot Terapêutico, Terapia Multidimensional, Barras de Access, Constelação Familiar. Mudei de país, de língua, de cultura. E, como a máxima "o que você busca também o(a) está buscando", cheguei a algo profundo e disruptivo: as Leis Biológicas, pela metodologia do curso Noções da Existência. Assim, tudo que parecia distante se conectou de uma forma ímpar.

As Leis Biológicas foram a peça que faltava na minha jornada como terapeuta e ser humano. Tudo estava agora no seu justo lugar.

Segundo os preceitos das Leis Biológicas, ao passarmos por um **choque biológico** (DHS — *Dirk Hamer Syndrom*, ou Síndrome de Dirk Hamer), que se trata de uma situação em que experimentamos, profundamente, os sentimentos de medo, impotência e solidão, o nosso cérebro se reorganiza, respondendo de forma rápida e instintiva, e então desenvolve uma solução. A essa solução damos o nome de **estratégia de sobrevivência**, cujo intuito é nos permitir "seguir na vida" e poderá ser expressa de três maneiras: o ataque, a fuga ou a inação.

Ao nos propiciar "seguir na vida", essa decisão acaba se tornando algo "seguro" para o nosso cérebro instintivo e passamos a utilizar essa solução em todas as vezes que deparamos com situações semelhantes ao que vivemos anteriormente.

Os choques biológicos e estratégias de sobrevivência podem ser originados em vários momentos de nossa história. Aqueles que foram vivenciados por nosso clã ancestral, transgeracional, que nos foram transmitidos geneticamente pelas informações contidas em nosso DNA, são os **pré-programantes**.

Já aos oriundos da nossa fase de concepção embrionária, intrauterina, momento do nascimento/parto (experienciados em vínculo e simbiose com a mãe biológica), e aos registros vividos na primeira infância, denominamos Programantes. E os que sucedem, em uma mesma temática de conflito, e nos fazem acionar nossos mecanismos arcaicos de sobrevivência (estratégias de sobrevivência), chamamos de **ativadores**.

Como mencionei, ao experienciarmos um acontecimento em nossa vida que se assemelha a um DHS já registrado, vamos optar, inconscientemente, por usar a solução adotada e que funcionou naquele momento. Todavia, não se trata de uma escolha real, coerente e livre, mas de uma reação instintiva.

Quando essa forma de funcionar ou reagir deixa de dar resultados positivos em nossa vida, percebemos os efeitos físicos (patologias), psíquicos ou emocionais.

Vejo que o grande diferencial do trabalho com as Leis Biológicas é podermos encontrar a origem desses "efeitos negativos" em nossa vida, o que chamamos de **invariante biológico** — a ligação precisa entre o órgão afetado, a região no cérebro ativa e a relação com a percepção biológica do indivíduo em uma situação específica.

Com isso, podemos trazer um novo referencial, uma nova percepção para essa situação, o que nos autoriza a encontrar uma possibilidade de ação realmente autêntica e mais conectada com a identidade de cada ser.

Quando correlacionamos os preceitos das Leis com a Astrologia, vamos ainda mais longe. O **mapa natal**, que representa o céu no momento do nascimento, é uma ferramenta extraordinária para acessar nossos registros e experiências. Traz uma leitura profunda e precisa da psique humana e das buscas identitárias de cada indivíduo. Nesse "mapa da alma", temos toda a história biográfica do ser.

Na leitura do mapa natal, conseguimos ver e correlacionar os eventos da história com a percepção envolvida neles, dando ao cérebro, através das datas, mais coerência para o desenvolvimento de novas soluções. Falo de um trabalho global, no qual um ser se encontra com a sua totalidade.

Para a astrologia, a solução de uma questão vem através da expressão saudável, da essência dessa mesma dificuldade. A causa e a cura estão intimamente ligadas.

Ao buscarmos os registros biográficos celulares, entendemos os traumas, percebemos as soluções adotadas e ainda, ao ressignificarmos essas informações, integramos os novos potenciais desenvolvidos nesses processos, ganhando consciência. Tudo o que vivemos vêm para nosso crescimento e evolução.

Para exemplificar, trago algumas experiências profundas e transformadoras, casos que tive a honra de acompanhar com base nessa linha terapêutica. Seres especiais no seu processo de encontro consigo mesmos, que é como costumo chamar esse trabalho.

Caso 1

M., 36 anos, casado, pai, empresário e leonino. Queixa-se de estar em um período muito desafiador, vivenciando, com sentimento de profunda injustiça e medo, as relações de trabalho e amizades. Ele relata perdas financeiras, sente-se sem direção e deprimido.

Ao fazermos a leitura de seu mapa natal identificamos, nos aspectos astrológicos, a repetição de ciclos. Aos cinco meses de M., os pais passaram por uma quebra financeira, quase perderam tudo. Outro ponto relevante é que essa situação também aparece no seu transgeracional: avós imigrantes, enganados por "amigos", compraram uma terra que não existia. Na cúspide desse mesmo aspecto astrológico, vemos um planeta transgeracional, dando a informação de uma vivência de grande perigo aos três meses da sua gestação. Esta informação que foi confirmada pela sua mãe, após o atendimento: uma hemorragia e quase perda de sua gestação. Todos esses fatos estão "ligados" por aspectos astrológicos e trazem clareza das repetições dos padrões.

Ressignificamos essas informações e utilizamos a essência dos dons ali adquiridos para que ele retomasse sua vida.

Caso 2

J., 23 anos, solteira e libriana. Ela relata dificuldades nos relacionamentos, tendência de buscar triangulações nos laços afetivos, e tricotilomania (impulso de arrancar fios ou tufos de cabelos).

No mapa estavam registros de grandes desafios vividos por sua mãe aos sete meses de sua gestação. Descrito como um sequestro sofrido pelo pai, esse evento gerou grandes medos e impotência para sua mãe. Como um aspecto de oposição a esse ponto gestacional, aos 14 anos, havia outra marca importante, traduzida como a perda da avó materna, que era o esteio de todos nas dificuldades, por seu pai ser emocionalmente ausente.

Vemos aqui a busca por soluções inconscientes, como trazer um "parceiro a mais", para suprir uma falta de proteção e abandono, vivenciado no período gestacional, e a relação da perda da avó com a tricotilomania, pois as lembranças da segurança e do carinho do seu toque, estavam relacionadas à área da cabeça e cabelos.

Caso 3

V., 38 anos, virginiana e solteira. Traz as queixas de dificuldades nos relacionamentos, em iniciar projetos próprios e relata sentimento persistente de tristeza.

Com as informações e datas de seu mapa astrológico, conseguimos pontuar os momentos vivenciados, de grandes perigos, conflitos de separação e abandono, na fase intrauterina (aos dois, quatro, seis meses) e no seu parto. Ela, filha de uma relação extraconjungal do pai, não foi aceita. Sua mãe, insegura, tentou interromper a gestação, sem sucesso. A mãe sofreu com a reação da família ao saber da gestação, sentiu-se desprotegida e sem referência. Teve a filha sozinha no hospital. O pai reconheceu a filha muito tempo depois (esse registro também está no mapa).

A partir desses registros do mapa, fizemos a correlação dos momentos biográficos com sua vida atual. Tivemos a clareza dos processos e padrões de abandono e perda de referência. Acessamos seus dons e recursos inatos, e ela se viu pronta para uma nova jornada em sua vida.

O nosso cérebro trabalha de forma precisa e reorganiza as informações que ali estão. Desbloquear os padrões de funcionamento, bem como ressignificar o que foi vivido, deixa o nosso inconsciente livre para criar soluções e significados novos, autorizando-nos a sermos autênticos.

Vejo um casamento perfeito entre a astrologia, ferramenta milenar de autoconhecimento, e as Leis Biológicas, como o corpo e a alma em equilíbrio e cooperação. Nas Leis Biológicas, vemos a expressão do que não está funcionando na vida, e na astrologia, buscamos os registros e os dons primordiais de cada indivíduo.

Apaixonada por essa jornada, a cada novo dia, eu me coloco a serviço dessa consciência maior, acompanhando as pessoas no seu genuíno e profundo encontro consigo mesmas, pois acredito ser esse o nosso grande propósito nesta existência.

"A maior sabedoria que existe é a de conhecer-se" (Galileu Galilei).

BIBLIOGRAFIA

ESTÉS, C. *Mulheres que correm com os lobos*: mitos e histórias do arquétipo da mulher selvagem. São Paulo: Rocco, 1994.

“Reconhecer e ressignificar nossas crenças limitantes e bloqueios nos autoriza a nos tornarmos a versão plena de nós mesmos.”

Lara Stella Seyboth Renó

Marycelia Dziedzick

Sou a terceira filha dos meus pais, divorciada, mãe de duas meninas, fisioterapeuta há 23 anos pela PUC-PR e especializada em Psicomotricidade.

No início da carreira, atuava nas áreas hospitalares, aquáticas e domiciliares. Com o falecimento de minha mãe, revi minha história, carreira e vida e me transformei. Hoje, atuo com microfisioterapia, terapia manual evolutiva, leitura biológica, psicogenealogia, grade de lealdade familiar, ciclos de vida memorizados, Barras de Access, Reiki e dermoneuromodulação. Montei uma empresa, a SMD Treinamentos Pessoais Ltda., que visa semear as mudanças necessárias para as pessoas poderem desenvolver o máximo do seu potencial de ação de vida.

dziedzickmarycelia
+55 (41) 98403-6279
Marycelia Dziedzick
dra.marycelia@hotmail.com

Códigos da EXISTÊNCIA

18 A GENÉTICA DO DNA: UM PADRÃO DE CÓDIGO MUTÁVEL

Por Marycelia Dziedzick

Encontramos DNA no núcleo de cada célula do organismo. Sua principal função é armazenar informações genéticas e epigenéticas necessárias à construção das proteínas e do RNA. Quase tudo no corpo ou tem proteína ou é constituído por elas. O DNA guarda as instruções que cada célula precisa para viver como um manual.

Dessa perspectiva, cada indivíduo passa por experiências e vivências que vão fazendo novas edições nesse manual, em que o quadro de padrões de informação repetidos sofre modificações, permitindo, então, mutações no código genético.

Em cada nova noção de existência, acionamos nossas estratégias de sobrevivência biológicas. Nossos pré-programantes inconscientes, normalmente eventos transgeracionais, pré-conceptivos, conceptivos, gestacionais e de primeira infância, nos levam a estados de alerta. Ao tomarmos consciência desses programas, e para que eles existam, podemos reescrevê-los por meio de escolhas diferenciadas de comportamentos, ações, funções e domínios.

Os padrões de repetição são de extrema importância no processo de tomada de consciência, pois através deles podemos finalmente encontrar o caminho da evolução.

> Cada uma de nossas células é uma entidade viva, e a principal coisa que as influencia é o nosso sangue. Se eu abrir os olhos de manhã e meu lindo parceiro está à minha frente, minha percepção faz com que haja uma liberação de ocitocina, dopamina, hormônios de crescimento — todos os quais incentivam o crescimento e a saúde das minhas células. Mas se eu vejo um tigre de dente de

> Sabre, vou lançar hormônios de estresse que alteram as células para um modo de proteção. As pessoas precisam perceber que seus pensamentos são mais primários do que seus genes, porque o meio ambiente, que é influenciado por nossos pensamentos, controla os genes. (Lipton, 2007).

Após um evento do trabalho que o deixava receoso, um paciente trouxe a queixa de hemorroida e crise de hérnia L5-S1, após um evento no trabalho que o deixava receoso, pois não sabia como relatar a denúncia de uma empresa que realizava atividades consideradas suspeitas financeiramente. Já direcionando os pré-programantes do conflito que o estavam paralisando para o movimento necessário no trabalho — a denúncia formal — e deixando-o sem pertencimento na empresa — medo do que iriam pensar —, perguntei de pronto: "Quem da sua família já foi preso ou julgado por alguma denúncia?".

A cara de espanto do paciente veio seguida da história de que seu avô materno foi preso na época da ditadura de Getúlio Vargas por uma denúncia anônima e falsa, em um forte na Ilha do Mel, no litoral paranaense, juntamente com toda sua família. A mãe do paciente estava na pequena infância e participou de todo esse evento. Relatou ainda que, na hora das refeições, havia pouca comida e o melhor pedaço era sempre direcionado para o homem da família, seu avô, e o restante, dividido entre a família; sobrava pouco, quando não dormiam com fome.

Somos uma teia de informações entrelaçadas que começou antes de nós. Não herdamos apenas nomes, posições, profissões, datas e traços físicos, mas também histórias inacabadas, segredos, frustrações e bloqueios que, sem perceber, repetimos. Anne Ancelin Schützenberger descreve esse fenômeno como o "campo sistêmico", onde dores não resolvidas se apresentam, atravessando gerações, até que alguém tenha a coragem de interrompê-las e transformá-las em um legado diferente. Como Bert Hellinger diz: "Fácil é aquilo que é permitido vir" (Hellinger, 2003). Assim, entendemos que quando permitimos que algo chegue até nós, existe todo um sistema para que sejam feitos ajustes e modificação no DNA, ou padrão repetitivo familiar.

O cérebro desse paciente tinha um registro de percepção de perigo quanto a denúncias e julgamentos, fazendo com que em sua programação de base de proteção houvesse um comportamento alterado, como se aquilo pudesse acontecer novamente. Ao mesmo tempo, abriu-se, a partir dali, a possibilidade de se fazer algo a respeito e de maneira mais harmoniosa.

Após esse relato, o paciente inclusive teve a percepção de outros sintomas associados como: crises de ansiedade, medo da falta no lar (medo pela própria subsistência), insônia, certa fobia em ambiente fechado, questões alimentares. Segundo sua própria fala: "Preciso sempre limpar as travessas, mesmo já saciado!". É de fundamental importância que prestemos a atenção em como o paciente coloca as coisas, já que é através de seu olhar e percepção que trabalhamos.

As ações práticas de modificações de padrões repetitivos familiares podem ser trabalhadas através de técnicas como a psicogenealogia e os ciclos de vida memorizados. Essas ações podem encorajar a tomada de decisões quanto à delação dos acontecimentos e ao recrutamento de recursos para o novo movimento de enfrentamento do medo, da impotência e da solidão em relação às questões do trabalho, usando os incentivos atualizados no presente. Nesse contexto, tratamos o evento específico por meio das ferramentas de ressignificação das informações disponibilizadas no curso de "Noções da Existência".

A partir da percepção da força das repetições do padrão familiar vivido anteriormente e o do presente momento — a denúncia no trabalho, o enclausuramento, a injustiça, a frustração, o isolamento, a falta de comida —, confrontei o paciente, coloquei os ativadores e os trilhos do conflito vividos nesses dramas familiares e, principalmente, os novos recursos implantados na nova vivência. Assim, o paciente poderia tomar consciência de seus sintomas e, através da escolha, do livre arbítrio, viver a situação de outra forma. Além disso, essas atitudes poderiam incentivá-lo a realizar a denúncia e a ter força para realizar todas as ações necessárias ao desenvolvimento de um bom trabalho. Afinal, "somos cocriadores conscientes na evolução da vida. Nós temos livre vontade. Nós temos escolhas. Consequentemente, nosso sucesso é baseado em nossas escolhas, que, por sua vez, dependem totalmente da nossa consciência!" (Lipton, 2007).

Para finalizar os atendimentos, costumo estimular meus pacientes a realizarem atos simbólicos concretos a respeito do que foi tratado. Sabemos que o sistema sensorial, através dos cinco sentidos (visão, olfato, audição, tato e paladar), é responsável por enviar informações para o sistema nervoso central que, por sua vez, as analisa e processa. Então, podemos usar a influência dos cinco elementos (fogo, ar, água, terra e éter) em nossas vidas. Essa teoria é fundamentada em várias culturas e os cinco elementos estão presentes em todas as áreas de nossas vidas, podendo influenciar nossa saúde física, emocional e espiritual. Quando esses elementos estão em equilíbrio, nos sentimos saudáveis, felizes e em harmonia, e torna-se possível elaborar um ato que faça sentido ao paciente, permitindo o registro cerebral mais facilmente através da soma desses recursos.

Nesse caso, sugeri que o paciente fosse com a família (inclusive a mãe) até a Ilha do Mel, no mesmo forte que a família do avô materno havia sido preso — inclusive, hoje, um lugar turístico — e realizasse uma refeição bem prazerosa e abundante, deixando sempre algo nas travessas. Sugeri também que, durante a refeição, brindassem a liberdade que o evento do avô proporcionou à família com sua história de vida. Além disso, que ele escrevesse uma carta, registrando a permissão para tratar dessas histórias de denúncias e prisões, aliando tudo o que sentisse necessidade ou percebesse que estava alterando agora em sua vida, considerando o que já tinha se passado nesse campo familiar, e agradecendo a oportunidade de deixar um novo legado de DNA para suas filhas. Após escrever a carta, orientei que a queimasse e jogasse as cinzas no mar.

Como resultado, depois de alguns meses, o paciente teve melhora nos sintomas da hemorroida, hérnia e insônia, dentre outros. E, além disso, segundo próprio relato, a melhora de pertencimento ao ambiente de trabalho, sendo reconhecido pela coragem e proatividade em assumir uma denúncia e ir até o fim dela. Atualmente, sigo o acompanhando e, em uma última conversa, seu relato foi, com suas próprias palavras: "Estou tendo um início de ano muito bom, com disposição para fazer exercícios, mais tranquilidade no trabalho e menos neuras".

Esta profissional que traz a vocês a luz da consciência dessas experiências é prova viva de que "o crescimento interno se realiza quando se dá espaço para algo novo" (Hellinger, 2003). Cansada da reincidência no consultório de pacientes com as mesmas dores, perguntava-me o que mais poderia ajudá-los nesses processos. Porém, somente depois de passar por uma grande perda, a morte de minha mãe — quando me vi reescrevendo minha história com base no que ela passou —, pude começar a entender a importância dela, de seus antepassados e a minha própria.

Para uma mulher que não pôde cursar os estudos e foi até a quarta série do fundamental, por diversos motivos que não cabe expressar no momento, ter uma filha formada e especialista na área da saúde, com bons resultados e escrevendo um livro, prova que a base não define os resultados, mas nos ancora, impulsionando-nos a adentrar em um campo de infinitas possibilidades. Hoje, ao escrever este livro, permito-me dizer que sim, estou modificando meu DNA, aumentando minha permissão e de meus sucessores nessa linda história familiar.

BIBLIOGRAFIA

HELLINGER, B. *Ordens do amor*: um guia para o trabalho com constelações familiares. São Paulo: Cultrix, 2003.

LIPTON. B. *A biologia da crença*. São Paulo: Butterfly, 2007.

SCHUTZENBERGER, A. *Meus antepassados*. São Paulo: Paulus, 1997.

“Reescrever a história, editando repetições familiares em novas vivências, é algo poderoso. Pela escolha, somos, temos, percebemos e recebemos de outras formas.”

Marycelia Dziedzick

Michele Brito

Sou Michele Carneiro Barbosa de Brito e tenho 47 anos. Sou médica, neurorradiologista e psicoterapeuta e coautora do livro *A história por trás dos sintomas*. Sou mãe do Marc, esposa do Guilherme, filha de pais incríveis, irmã, amiga, humana.

Sou encantada pelo cérebro humano, e cada vez mais pela alma humana e pelo servir em ajudar na cura e/ou no alívio da dor. Além da medicina tradicional, me formei em análise junguiana, constelação familiar, hipnose ericksoniana e Leis Biológicas (Medicina Germânica).

dramichelebrito

+55 (19) 99837-9403

19 DINHEIRO: BÊNÇÃO OU MALDIÇÃO? O QUE BLOQUEIA VOCÊ?

Por Michele Brito

No mundo das terapias tudo é emoção, tudo o que acontece na nossa vida está relacionado a como o nosso cérebro enxerga a realidade. Isso vale também para se ter mais ou menos dinheiro, ganhar ou perder as finanças.

Tudo está intimamente ligado a como nos sentimos emocionalmente em relação ao dinheiro. Porém, muitas vezes isso está na mente subconsciente e não percebemos isso racionalmente.

Ao longo deste capítulo, poderemos entender como o nosso cérebro mais arcaico interpreta o dinheiro como água, que é essencial à vida.

Segundo as Leis Biológicas, qualquer conflito relativo a água ou líquido se traduz como um conflito de dinheiro. Você já ouviu as seguintes expressões: "Eu me afundei em dívidas", "Vou comprar na liquidação", "O valor líquido que ganhei é suficiente", "Estou no fundo do poço", "Estou liquidado", "Voltei à tona", "Liquidei a dívida" ou "Eu tenho liquidez?". Sem água não sobrevivemos e sem dinheiro, também não.

Portanto, uma pessoa que passou por conflitos de líquido envolvendo a água pode desenvolver um trauma cerebral que lhe dificulta ganhar ou reter o dinheiro, pois o cérebro interpretou o dinheiro (água) como algo perigoso para sua sobrevivência. Por exemplo: afogamento na infância, tentativa de suicídio por afogamento ou afogamento de alguém da família, inundações ou enchentes no local de moradia (ou outro grande drama por chuvas fortes), brigas por terras com fonte de água, desidratação com risco de morte, vazamentos na casa como torneiras, máquinas de lavar, familiares imigrantes que vieram de navio para o Brasil e passaram grandes traumas cercados pelo mar, adultos que, quando bebês, sofreram de alguma forma um desmame do seio materno precocemente e se sentiram desprotegidos com risco de morte.

Todas essas situações podem ser desencadeantes traumáticos para que na vida adulta exista a dificuldade de se ganhar dinheiro, pois o cérebro não quer esse "perigo" novamente.

Existem também outros conflitos que podem estar ligados a essa temática, como: alguém cuja família faliu e, em razão de a família ancestral não ter dinheiro, essa pessoa não se permite prosperar financeiramente, pois fica ligada à lealdade familiar da escassez. Como se, em seu pensamento, se ela prosperasse, estaria deixando de pertencer a essa família.

Ouvi o caso de uma paciente cuja mãe era muito próspera em uma confecção de roupas e ganhou muito dinheiro; porém, um dia a empresa da mãe faliu e essa empresária entrou em uma profunda depressão e desenvolveu um câncer de rim, vindo a falecer por esse motivo. A filha, então, tem medo de ganhar dinheiro, pois se um dia perder, tem medo de ter câncer e morrer como a mãe. O rim é o órgão relacionado à emoção do conflito de líquido, do dinheiro, pois é nele que todo o líquido do corpo é filtrado. Além disso, o rim está relacionado com conflitos de desabamento da existência, traumas emocionais em que a pessoa sente como se o chão abrisse aos seus pés, uma sensação de completo abandono, como o que aconteceu com a empresária que faliu. Os amigos sumiram, os irmãos não quiseram ajudar. Ela se sentiu completamente sozinha e abandonada. Nas Leis Biológicas, quando um animal se vê sozinho e abandonado, sua chance de sobrevivência na selva é mais baixa. Há realmente um perigo de morte. Assim o cérebro humano também interpreta. Logo, o dinheiro, ou melhor, a falta dele passa a ser uma ameaça à vida.

Outro caso real foi de um paciente cujo pai foi assassinado pelo sócio. Com a morte do pai, esse paciente perdeu o "chão", uma sensação grande de desabamento da existência; logo ele tem muito medo de prosperar, pois o cérebro arcaico gravou na memória que, se ganhar muito dinheiro, um dia ele pode morrer assassinado. Claro que olhando de fora são situações irreais e que não irão acontecer; porém, o trauma gravado na memória de cada um pode assumir proporções inimagináveis. Tudo está relacionado a como seu cérebro interpreta o que aconteceu.

Uma criança que quase morreu afogada pode crescer um adulto que não ganha dinheiro por medo de morrer afogado (água = dinheiro).

O alcoolismo também é um conflito de líquido. Pessoas cujos pais ou outro familiar têm vício por álcool sofrem de um sentimento de abandono e desabamento da existência muito grande; recorrem ao álcool para aliviar a dor da alma e acabam se associando ao conflito financeiro, à dificuldade de ganhar dinheiro.

Pessoas adotadas — órfãs ou que foram abandonadas pelos pais — podem nutrir um imenso sentimento de abandono, podendo desenvolver problemas renais por sentirem a sensação de desabamento da existência, que acaba desencadeando conflitos financeiros (relacionados a líquido e rins).

Estudos indicam que crianças amadas pelos pais, que foram amamentadas no tempo certo, tornaram-se adultos mais seguros, capazes de maior regulação emocional, confiança e autoestima elevada para prosperar financeiramente.

Obviamente isso tudo não é uma regra. Nem todo ser humano que se afogou na infância ou foi adotado deixa de prosperar financeiramente.

Cada ser humano tem um universo dentro de si mesmo. Por isso a importância de observar na terapia a vida individual e o que cada pessoa gravou como um trauma. Cada ser humano percebe os eventos de sua vida de um jeito. Não existe uma regra exata. Daí a importância do atendimento individual, com cuidado e uma análise detalhada do que aconteceu àquela pessoa. A percepção de uma pessoa frente a um evento traumático pode ser completamente diferente para outra, diante da mesma situação.

Ao entendermos o que aconteceu no passado do paciente, podemos mostrar a ele que aquele evento traumático já passou e não oferece mais perigo de vida.

É possível fazer o cérebro entender que você não vai ter um câncer por perder dinheiro, que não é porque alguém de sua família não soube lidar com uma falência que você irá falir e morrer, e não é porque um membro de sua família foi assassinado que você um dia será assassinado também.

O dinheiro é sim uma bênção, mesmo que durante muitos anos você tenha pensado que era uma maldição.

A crença de que dinheiro é ruim vem de muitos anos atrás. Milênios, na verdade. Existe no planeta uma ideia generalizada de que ter dinheiro é ruim. Mas veja só: quantas vezes você já ouviu aquela frase atribuída à bíblia de que é mais fácil um camelo passar pelo buraco de uma agulha que um rico entrar no reino dos céus? Ou quantas vezes, quando crianças, escutamos de alguns adultos: "Menino tira esse dinheiro da boca, dinheiro é sujo". Tenho certeza de que você que está lendo este livro já escutou algumas dessas frases.

As terapias mostram para o paciente que ele tem recursos poderosos para superar os obstáculos da vida. A solução já começa no entendimento de onde tudo começou, e muitas vezes isso fica tão obscuro que algumas pessoas passam a vida sem saber como solucionar os obstáculos que as impedem de prosperar.

Uma boa análise do passado de cada um com um terapeuta capacitado ajuda muito na resolução de cada conflito. De acordo com as Leis Biológicas, é possível realizar a ressignificação de traumas mostrando para o indivíduo que não há mais o perigo da morte em estar em contato com a água/líquido (na verdade com o dinheiro).

Nossos sentimentos e emoções são extremamente poderosos e plenamente capazes de moldar nossas vidas. Se tivermos a consciência racional dos acontecimentos do nosso passado, se tivermos clareza dos conflitos traumáticos a que fomos expostos ao longo da vida, podemos claramente lidar com eles e desfrutar de uma vida mais plena e saudável, com verdadeira prosperidade e abundância.

O Universo é abundante, a natureza é abundante, o planeta é abundante. E a nossa vida também é — ricamente — abundante. O que nos impede de ter acesso a essa abundância que Deus nos dá? Nossas emoções não trabalhadas, nossos conflitos traumáticos, muitas vezes escondidos na profundeza de nossa psique.

Não é à toa que passamos anos de nossas vidas sem nem ter ideia dos nossos conflitos traumáticos. O fato de passarmos anos e anos vivendo sem perceber os próprios conflitos nada mais é do que um mecanismo de proteção contra a dor da alma. Porém, esses conflitos nos atrapalham e muito em prosperar. Até o dia em que algo abrupto ou muito drástico acontece e temos de encarar a dor da alma e resolver. Realmente resolver, para continuar caminhando nessa jornada que se chama vida.

Os eventos traumáticos que nos fazem parar e analisar podem ser um acidente grave, uma doença, a perda de um ente querido. Algo sério acontece para que você se desestabilize no cuidado de sua alma. Quando há um apoio terapêutico, esse processo se dá mais rápido. A resolução é mais rápida e com maior acolhimento.

Vale lembrar que o dinheiro é apenas uma energia de troca. Ele não é de forma alguma e nem deve ser uma energia emotiva. Não se deve ligar o dinheiro a nossas emoções internas. A confusão se dá quando relacionamos o dinheiro a nossas emoções mais profundas.

Se um dia o dinheiro lhe causou uma profunda dor, essa dor pode não ser esquecida ou eliminada, mas ela pode ser transformada. Transformar a dor, transmutar, mudar: isso é ressignificar. Isso é plenamente mais do que possível.

Existe uma frase que me impactou muito, que ouvi de meu mentor anos atrás: "As lágrimas compartilhadas são melhor reparadas" (Livramento, 2023). Portanto, quando se está amparado por um terapeuta, o processo de cura/ resolução ocorre da melhor forma possível.

BIBLIOGRAFIA

LIVRAMENTO, R. Curso "Noções da Existência", 2023.

"Dinheiro é a bênção; o conflito é a maldição. Liberte-se do conflito traumático e toda bênção financeira inundará sua vida."

Michele Brito

Mylena Beuttenmüller

Meu nome é Mylena Beuttenmüller. Sou paulista, leonina e primeira filha de Sergio e Marly. Sou mãe do Gabriel e esposa de Antonio. Fisioterapeuta há 26 anos, há oito transformei a forma de atuar na minha profissão por meio das terapias integrativas.

Primeiro, descobri a microfisioterapia, que mudou e ampliou minha visão sobre a origem dos sintomas dos(as) pacientes e sobre mim mesma, e abriu as portas para outras terapias, como as Leis Biológicas e a análise personalizada dos nomes. Esta última revolucionou meus atendimentos e me levou a criar, em 2023, a formação A Energia das Letras, na qual ensino terapeutas a compreenderem a história e os conflitos dos(as) pacientes, além da sua própria história, através do seu nome.

mylenabeuttenmuller

www.mylenabeuttenmuller.com.br

Códigos da EXISTÊNCIA

20 SEU NOME: A CHAVE PARA COMPREENDER A SUA HISTÓRIA

Por Mylena Beuttenmüller

Você já ouviu falar de que o nosso nome pode nos dar clareza de quem nós somos e qual função viemos cumprir no nosso sistema familiar?

Neste breve capítulo, desejo mostrar como podemos nos conhecer mais e melhor, entender mais da nossa história, o nosso papel na nossa família e na vida através do nosso nome. Cada letra que o compõe traz consigo seu significado, seu simbolismo, as memórias da nossa ancestralidade, nossa força, potência e fragilidades.

As fragilidades contemplam os conflitos familiares e biológicos. Quando comecei a integrar as Leis Biológicas ao nome e todas as informações contidas em suas letras, tudo passou a fazer ainda mais sentido com as histórias dos(as) pacientes. Suas dificuldades, fragilidades e capacidades já estavam no nome.

Era a bússola que me guiava para compreender melhor suas histórias de vida pessoal, familiar e seus conflitos biológicos. O nome era a chave que abria portas para a compreensão de sua identidade e sua função em seu sistema familiar, para que integrassem toda a sua força e capacidade.

Sempre digo que cada uma das letras do nosso nome faz parte dos muitos eus que habitam em nós. Conhecê-las nos ajuda no entendimento de quem nós somos. É um mergulho profundo em nossa essência divina.

Qualquer comentário que o(a) paciente faz a respeito de seu próprio nome é uma pista importante na avaliação. Durante o atendimento, a escuta atenta é fundamental, pois é nesse momento que o(a) paciente verbaliza os próprios conflitos e suas palavras nos guiam em direção a eles. Alguns dizem que não gostam do seu nome, muitos que têm nome composto só se identificam com um. Enfim, toda informação deve ser investigada e conectada com a história em questão.

Certa vez, uma moça me procurou com queixa de fibromialgia. Ela trocava uma letra do meio do seu nome. A grafia era com **s** mas ela escrevia com **z** devido à pronúncia, segundo me disse. Isso já me acendeu um alerta e olhei para o significado daquelas letras, o que elas poderiam me revelar sobre a história da paciente para associar com o seu sintoma, através do olhar das Leis Biológicas. E foi certeiro!

A letra **s**, entre outras coisas, remete à segurança no ninho, no lar, à proteção dos pais. E a letra **z** diz respeito às dificuldades de separação, mesmo que se esteja com pessoas e em ambientes que não se quer estar. Essa mulher teve um pai muito violento, que agredia sua mãe e a ela. Ela se casou com um homem que também a agredia fisicamente e verbalmente e teve muita dificuldade de sair dessa relação. Não teve a proteção do pai e do parceiro, nem um lar seguro. Exatamente os conflitos apontados pelas letras **s** e **z** que ela trocava no seu nome.

E qual a relação com a fibromialgia? Biologicamente, a fibromialgia pode se manifestar em pessoas que viveram enormes impotências em virtude de agressões, abusos, sentindo-se incapazes de agir, bloqueadas em seus movimentos. Elas não suportam mais viver essas situações, mas estão esgotadas em sua força. A fibromialgia provoca dores musculares generalizadas e são acompanhadas de cansaço, sono não reparador, ansiedade, depressão. Afeta mais as mulheres porque são as que sofrem mais agressões. É um conflito de desvalorização de si, de não se sentir capaz, e impacta a substância branca do cérebro.

Você pode estar se perguntando como é feita essa conexão da letra com o biológico. Uma das bases para analisar os nomes é o alfabeto hebraico. A partir do significado da letra no hebraico, fazemos a associação com os sintomas físicos, comportamentais e relacionais.

Eu comecei conectando algumas informações que considerava mais importantes no nome da pessoa, como sua função na família, o significado etimológico, os conflitos familiares e biológicos associados, e se o nome tinha algo de peculiar, como letras duplicadas, no caso de Anna, Rafaella. Nomes com letras a mais — como Victor, Thaís — apontam o caminho em direção à origem da dificuldade do paciente, juntamente com o conflito biológico.

As Leis Biológicas mostram que os conflitos biológicos provêm de uma situação de hiperestresse, vivenciada de forma traumática, inesperada, sem a participação da consciência e vivida no isolamento. Tudo o que nos pega de surpresa, ao qual não podemos reagir e que não conseguimos dividir, e nos deixa em estado de total impotência. É chamado de choque biológico, que gera uma repercussão cerebral, e a área impactada controla uma região ou órgão específico do corpo.

O conflito biológico tem impacto nos níveis psíquico, cerebral e orgânico e cada um vive a situação de hiperestresse de acordo com sua percepção. Como disse o médico especialista em traumas Gabor Maté, no livro *O mito do normal*, "trauma não é o que acontece com você, mas sim o que acontece dentro de você" (2023, p. 27). E o impacto no corpo é manifestado através dos sintomas.

Vamos a um exemplo. A letra **P** no hebraico significa boca. Quem tem o nome iniciado com essa letra tem na família a função de comunicar. As pessoas que já atendi até hoje, cujo nome iniciava com P, traziam questões de comunicação nas relações e muitas apresentavam sintomas físicos ligados a essa dificuldade, como laringites, bronquites, amigdalites.

Biologicamente, a laringite expressa um conflito de medo intenso, no qual "o perigo está sobre mim, mas não posso reagir, não posso falar". E a bronquite, vem da impotência em dissuadir, afastar alguém que ameaça o seu território. São conflitos de separação e território e impactam o córtex cerebral.

Pessoas com o nome iniciado com a letra **P**, de modo geral, tendem a falar bastante, e muitas vezes se arrependem da palavra dita, de suas consequências, sentem que foram longe demais com o que disseram, podendo impactar a articulação temporomandibular, por exemplo.

Esse conhecimento me trouxe clareza e direcionamento para entender as histórias dos pacientes e ajudá-los na compreensão de si mesmos e de suas dificuldades. E, claro, também me fez olhar para mim mesma e para a minha história familiar com novas lentes.

Meu nome inicia com **M**, assim como o de minha mãe, avó e bisavó maternas. Quatro gerações de mulheres com a mesma letra inicial. Ou seja, viemos com a mesma função na família. O que essa repetição revelava sobre o meu sistema familiar?

Vamos entender o significado da letra **M**. No hebraico, chama-se "mem" e tem relação com a mãe e com a água. Significa que viemos reparar o relacionamento com a mãe e como a função mãe foi exercida e vivida. A conexão entre mãe e filhos pode ser afetada de diversas formas, como sobrecarga de trabalho, doenças, perda de uma gravidez ou dos pais, do parceiro. Ou mesmo no útero, se a mulher passa por situações estressantes. A criança precisa se sentir segura e que sua sobrevivência não está ameaçada.

Minha avó teve onze filhos, sendo minha mãe a oitava. A sobrecarga com as demandas da criação dos filhos e as dificuldades financeiras eram uma realidade. "O estresse parental leva os pais a serem mais impacientes e duros com os filhos, e pode se expressar também por meio da distração e ausência emocional, não se mostrando tão atenciosos ou presentes" (2023, p. 161-162), segundo Gabor Maté, citado anteriormente.

E eu também vivi em um ambiente familiar marcado pela escassez financeira e pelo casamento conturbado dos meus pais. Mesmo com tantas preocupações, minha mãe conseguiu ser disponível e presente para mim e meu irmão. Mas, sei que o maternar para ela foi sobrecarregado e solitário. E eu, enquanto mãe, consegui proporcionar ao meu filho um ambiente mais saudável emocionalmente e financeiramente. Pude estar mais presente para ele, e tinha o apoio do meu marido.

Então, olhando para a minha ancestralidade feminina, percebi que o maternar e o relacionamento mãe e filhos haviam evoluído através das gerações. Conseguimos, minha avó, minha mãe e eu, cada uma à sua maneira, cumprir nossa função no nosso sistema familiar. As lacunas de carência foram sendo preenchidas e resolvidas.

"Comportamentos podem passar de uma geração para outra. [...] Padrões recorrentes de doença, depressão, ansiedade, conflitos de relacionamento e dificuldades financeiras" (2023, p. 38), como diz Mark Wolynn — especialista em traumas familiares hereditários —, em seu livro *Não começou com você*.

O estudo dos nomes e das letras hebraicas, associado às Leis Biológicas e ao transgeracional, possibilitaram que eu conectasse informações chave à história dos(as) pacientes e seus sintomas; pude ajudá-los a unir fragmentos de sua história pessoal e familiar, sair de seus pontos cegos, ter novas percepções sobre situações que deixaram marcas, conscientes ou não, moldando seus comportamentos, emoções e reações. Isso os ajudou a terem clareza de quem são, que papel vieram desempenhar em seu clã, tomarem consciência de padrões de repetição e se apoderarem de sua identidade, de sua força, além de aprenderem novos recursos para lidar com seus desafios. Conhecer a potência de cada letra que o seu nome carrega é uma chave que abre portas para a melhor compreensão de sua história.

Atualmente, compartilho esse conhecimento na formação "A Energia das Letras", para as pessoas que querem, primeiramente, saber quem são através do nome, mergulhar em sua história e de sua ancestralidade, e que também querem ajudar outras pessoas nesse caminho de busca e entendimento de si mesmas.

Espero ter conseguido, através de alguns exemplos, mostrar que o sintoma traz consigo uma parte da história, que deve ser acolhida e compreendida; e que o seu nome carrega, em cada letra, uma parte da sua identidade, conta a história da sua ancestralidade, seus conflitos, sua força e sua potência. Que esse livro proporcione a você novas descobertas e novos caminhos para a exploração de si mesmo.

BIBLIOGRAFIA

MATÉ, G.; MATÉ, D. *O mito do normal*: trauma, saúde e cura em um mundo doente. Rio de Janeiro: Sextante, 2023.

WOLYNN, M. *Não começou com você*: como o trauma familiar herdado nos define e como dar um fim a esse ciclo. Rio de Janeiro: Alta Books, 2023.

LIVRAMENTO, R. Curso "Método Noções da Existência", 2024.

"Seu nome é o caminho que o(a) leva ao encontro de si mesmo(a)."

Mylena Beuttenmüller

Myrian Echer

Sou uma eterna apaixonada pela **arte de viver!**

Medicina de Corpo e Alma é meu método de trabalho, que integra Leis Biológicas, Eneagrama e Somatic Experience, promovendo homeostase entre corpo, emoções, mente e espírito na construção de um estilo de vida com saúde integral. Por meio dele, acompanho e mentoreio mulheres em transição de identidade, carreira e ciclos na energia feminina, tendo compilado mais de 40 mil horas de atendimento individual e grupo.

Graduada em Medicina há 15 anos, sou portadora de propósito inegociável com a saúde integral. Pós-graduada em Medicina Integrativa, Ortomolecular, Nutrologia, Psicotraumatologia e Somatic Experience. Especializada em Neurociência, Programação Neurolinguística, Hipnose Ericksoniana, Leis Biológicas, e treinadora master em Eneagrama Sagrado.

dramyrianecher

+55 (27) 99644-5888

Dra Myrian Echer

Códigos da EXISTÊNCIA

21 QUANDO VOCÊ SE CALA, O CORPO FALA!

Por Myrian Echer

Lembre-se: por mais que lhe pareça estranho, você já conhece o caminho. Isso mesmo. Você já conhece!

É como na história de João e Maria, que deixaram migalhas no caminho para reconhecer a trilha ao voltarem para casa. Você marcou sua trilha, porém se esqueceu de que os passarinhos poderiam se alimentar dela. E está tudo bem. Você fez o seu melhor com o que era possível.

Lembre-se: você trilhou o caminho, seus olhos registraram. Está gravado no seu corpo. Ele é a inteligência mais perfeita e eficaz de reconexão com sua essência original. Seu corpo sempre sabe o caminho, até mesmo quando você o entorpece tão intensamente ao ponto de não perceber um passo à frente. Observe-o! Ele começará a lhe mostrar pequenos sinais. Esteja atento(a)!

E lembre-se: Só é possível compreender a linguagem do corpo em Presença, no aqui e agora. *Respirando fundo e acreditando que, a cada dia, uma porção a mais de consciência chega para clarear sua visão.*

Acredite! Com fé, amor e gratidão.

Que flua a dança do seu SER!

Começo com poesia porque o feminino é poesia, querido(a) leitor(a).

E a poesia que lhe ofereço brota de dentro do meu ser, porque escolhi ir do trauma à arte. Todo processo de cura, na verdade, é um processo de liberação da **arte** de **ser você**.

Quero lhe contar a história de Vivian, uma querida cliente de 32 anos, fisioterapeuta domiciliar. O ano era 2022, quando Vivian chegou trazida pela mãe em meio à chuva torrencial e uma hora de atraso. Embora não aguarde atrasos assim, minha intuição pediu para esperar, e o fiz. A mãe contou sua história e ela só conseguia chorar. **Não conseguia falar**. Carregava na mente, corpo e coração o peso de alguns rótulos: bipolaridade (distúrbio de ansiedade e depressão), intestino irritável, fadiga crônica e síndrome do pânico. Sentia medo pelo relacionamento afetivo, pois não sentia libido e as relações com homens anteriores foram com as "histórias da Globo". Não tinha tempo para si e era constantemente sugada pelos problemas do trabalho. Como não conseguia colocar limites, seguia cada dia mais exausta, atendendo às demandas de todos ao redor.

Iniciamos uma jornada rumo ao desconhecido e fui clara nos termos da constância no processo. Os atendimentos aconteciam integrando a Tríade Técnica da Medicina de Corpo e Alma, meu método de trabalho, que integra Leis Biológicas, Eneagrama e Somatic Experience. Meu objetivo era que ela se conectasse com seu **corpo** para compreender o que ele comunicava por tantos anos, mas ela não sabia escutar. O foco da sessão foi "dor na garganta", que irradiou para a cervical e gerou tremores finos nas mãos, pernas e pés. Ao final da liberação somática, seu corpo reconheceu o apoio dos pés no chão.

As sessões seguiram com base no tema da garganta e o senso de apoio nos pés foi aumentando. No corpo de Vivian, observei que muitas histórias do "não poder se posicionar" estavam gravadas na garganta e associadas à sensação de falta de pernas para "ser ela mesma"; não sentia autorização interna. No acompanhamento, o corpo foi trazendo as lembranças de relações abusivas do passado, de ser "cozinhada em banho-maria", impotência e raiva reprimida por não conseguir falar "as verdades" que gostaria. Culpa e julgamento intensos junto ao "bolo na garganta".

Quando a mulher cala sua voz, ela não bloqueia apenas a capacidade de fala, mas a expressão genuína de **quem ela é**!

A garganta é ponto central da manifestação do ser (inclusive que transformei em sigla: **SER** — Sua Essência Real). É o canal de comunicação por onde expressamos ideias, sentimentos e a Verdade Interna. Também é a parte do corpo onde aprisionamos silêncios, medos e condicionamentos das experiências traumáticas.

Este capítulo explora como a lateralidade cerebral, os conflitos do feminino e as Leis Biológicas se conectam na construção da expressão feminina. Ele o(a) ajudará a entender por que tantas mulheres sentem bloqueio na garganta como reflexo das histórias de silêncio, submissão e desconexão com a essência feminina. Minha fala não é restrita a mulheres. Se você é homem, permaneça e se abra ao seu feminino. Você não só entenderá as mulheres da sua vida a partir de um novo lugar, como também identificará histórias de repressão e desafios na comunicação guardadas dentro de você.

Desde os tempos remotos, a voz feminina foi silenciada e controlada pela imposição familiar/social e medo de represálias. Quantas vezes uma mulher foi chamada de "exagerada" por expressar sua dor ou sua dança? Esse condicionamento cultural é impresso no corpo, na psique e na expressão da energia feminina. O corpo reflete os conflitos emocionais não resolvidos e sacrifica a própria voz para manter a harmonia e se moldar ao meio. O preço? Inflamações na garganta, sentimento de impotência, dificuldade em comunicar sentimentos e expressar sua natureza cíclica.

O cérebro toma decisões pela associação de informações na história da pessoa, interconectadas entre corpo, cérebro e psique, que definem uma lente individual (percepção) adaptada à sobrevivência. Nas Leis Biológicas, chamamos essa tríade de **Invariante Biológico**. Situações semelhantes experienciadas no futuro desencadearão reações hormonais direcionadas a defesa e preservação da sobrevivência, mesmo que não haja risco iminente. Na sessão, ligamos os pontos aparentemente desconectados, escondidos no inconsciente psíquico e no corpo da pessoa. Essa ligação cria percepções de segurança e integra recursos internos para lidar com cada novo desafio da vida como adulto, e não mais com base na programação de defesa de uma criança assustada. Ensinamos o cérebro a fazer novas conexões neurais e explorar o desconhecido. O sintoma é guia, o ponto de conexão a serviço de mostrar o **conflito raiz**, e então, mudar a programação de defesa.

A lateralidade cerebral também está ligada à sobrevivência. São dois hemisférios cerebrais com funções complementares: hemicórtex direito, função masculina (ação da testosterona), e hemicórtex esquerdo, função feminina (ação do estrogênio). A liberação hormonal disparada por gatilhos de defesa direciona respostas automáticas masculinas (ação, luta, expansão) ou femininas (esquiva, contração, introspecção). Isso independe da vontade consciente, é um mecanismo hormonal e bioquímico automático.

A laringe, órgão fonador da garganta, expressa o conflito de medo frontal vivenciado na energia feminina (hemicórtex esquerdo) como: "o perigo está sobre mim, mas não posso reagir, não devo fazer barulho". Esse conflito comumente se associa à tireoide, que expressa o conflito de impotência na urgência.

A mulher que sofre repressão verbal apresenta um descompasso entre os hemisférios cerebrais, por meio de sintomas como: dificuldade de comunicação, insegurança, crises de ansiedade, laringite, disfunções da tireoide, nodulações, inflamações recorrentes. A garganta pode comunicar o medo de se expressar, de ser ouvida, decorrente da repressão na infância ou na vida adulta. O impedimento na fala pode ocorrer por relações abusivas ou hierarquias que anulam sua voz. Já o ato de engolir as palavras e omitir opiniões pode se dar para evitar rejeição ou confronto.

O silêncio imposto à voz se transforma em sintomas. O que precisa ser **libertado**?

A permissão do corpo de Vivian aumentou e ela começou a sentir um enorme incômodo por não conseguir falar o que gostaria, em especial às pessoas mais próximas. Acessou a memória da infância em que a mãe perguntou se Vivian achava mais bonita ela ou uma mulher na padaria e se ressentiu quando a filha respondeu: a mulher. Concebeu a crença: "Quando falo o que penso, afasto as pessoas que amo". Então se calou. As sessões seguintes trouxeram contextos do feminino que eu gostaria de aprofundar, mas aqui tenho somente um capítulo. Eu o(a) convido a acompanhar minhas redes, pois em breve, você terá a oportunidade de ler com detalhes a jornada de transformação que trilhei com Vivan em meu próximo livro. Nele, trarei informações sobre a linguagem do corpo e a cura de bloqueios que ele carrega por longos anos sem a escuta de traumas somatizados desde o início da vida.

Os temas femininos envolviam "não se sentir parte do grupo de amigas da escola", "não poder usar batom vermelho", "sentir vergonha de ser mulher". E percepções da vida intrauterina a partir das informações fornecidas pela mãe: como um bebê que ainda nem nasceu poderia sentir cansaço e autocobrança senão pelas informações emocionais da mãe sendo impressas no seu corpo? O corpo sente e registra a falta dos pés na terra.

Vivian foi resgatando o senso de autorresponsabilidade e separação dos conteúdos dela e de outras pessoas. Estabeleceu rotinas de autocuidado e conexão com a natureza, sentindo cada vez mais conforto corporal, leveza, segurança, autoconfiança, clareza de sua identidade pessoal e tesão pela Vida. Acessou memórias corporais que guardavam registros de bloqueio da voz, nomeou emoções reprimidas, aprendeu a observar o corpo, gerar consciência corporal e praticar exercícios de estabilização emocional nas crises de ansiedade – recursos essenciais para se manter bem e estável de dentro para fora.

No tempo em que estivemos juntas, ela contou ter vivido muitas vidas em uma só, indo desde a reconexão com seu feminino e comunicação de suas vontades, expansão de territórios, posicionamento diante de autoridades, até a clareza do seu propósito de vida. A cura da garganta não foi apenas física. A **voz** dela ecoou no mundo!

A **voz** da mulher é uma extensão da sua **identidade**. Se ela silencia sua verdade, o corpo fala por ela. Quando ela se permite e se expressa, o mundo volta a ter cor de arte, cheiro de vida e ritmo de dança.

Quando você se cala, o corpo fala! O que sua voz tem a expressar ao mundo?

Eu me despeço com essa reflexão preciosa, querido(a) leitor(a). Minha voz está a serviço de despertar a sensibilidade e o feminino de mulheres e homens em todas as partes do mundo. E estou muito feliz que este sopro tenha chegado até você. Nos vemos em breve!

“Quando você se cala, o corpo fala! O que sua voz tem a expressar ao mundo?”

Myrian Echer

Natássia Fonseca

Eu me chamo Natássia Fonseca. Sou mãe do Miguel e do João Davi, esposa do Aurélio, tutora da Belinda (nossa cachorrinha de estimação) e médica veterinária de vários cavalos, cães e gatos que considero em parte meus também.

Sou de Jacareí/SP e dedico minha vida a cuidar da saúde dos animais através das terapias manuais e da medicina integrativa. Acredito no potencial de cura do corpo e me dedico ao estudo e desenvolvimento de um atendimento globalizado que trata o animal como um todo.

Usando as Leis Biológicas, ajudo famílias a entenderem melhor a influência de seus conflitos no desenvolvimento de doenças em animais, otimizando a convivência e a saúde da família multiespécie.

natassiafonsecavet
natassia.fonseca@gmail.com

Códigos da EXISTÊNCIA

22 NOSSOS CONFLITOS NA ORIGEM DAS DOENÇAS DOS *PETS*

Por Natássia Fonseca

Conviver e interagir com animais libera hormônios que nos trazem a sensação de amor e bem-estar. Se for um filhotinho então, quem resiste? O Brasil possui a terceira maior população de *pets* do mundo, totalizando cerca de 160 milhões de animais domésticos. O aumento na população de cães, gatos, aves e animais exóticos se deve a diversos fatores, desde crianças que são naturalmente atraídas pelos peludos e brincalhões, passando por casais que optam por não terem filhos humanos e se tornam "pais de *pet*", até os famosos cães terapeutas que ajudam cada vez mais portadores de diversas deficiências. E por que não lembrar das pessoas que vivem sozinhas e encontram nos *pets* um companheiro leal, que traz senso de presença e pertencimento?

Como veterinária, aprendi e estudei como as doenças se desenvolvem nos animais, como devemos identificá-las e tratá-las. Quem nunca teve um cãozinho com alergias de pele ou comportamentos inadequados que foi diagnosticado com estresse? Ou então um gatinho com pedras nos rins e problemas hepáticos cuja causa era uma dieta inadequada?

Especialista em terapias manuais, passando pela quiropraxia, massoterapia, e terapia craniossacral, sempre tive um olhar mais holístico sobre o desequilíbrio que uma enfermidade causa no organismo inteiro do animal. Nunca olhei uma lesão como algo isolado, mas sempre considerei o animal como ser único que está vivenciando na totalidade aquele processo. E, mesmo tendo excelentes resultados, sentia que faltava algo a mais, sentia que havia um motivo intrínseco do porquê a doença estar se apresentando daquela forma no meu paciente. Mas sozinha eu não sabia qual peça faltava no meu raciocínio.

Em uma de minhas formações, precisei ficar um tempo considerável fora de casa, passava uma semana por mês em outra cidade, e meu marido ficava cuidando dos nossos dois filhos pequenos e da nossa cachorra, a Belinda, uma São Bernardo de 8 anos, na época.

Pois é, eu como veterinária não me contentaria com uma cachorrinha pequenina e de pelo curto. Fui logo me apaixonar por uma gigante peluda e babenta de 70 kg. Mas ter um cão dessa raça era um sonho que eu tinha desde criança, e que só consegui realizar depois de adulta.

O fato é que, sendo um sonho meu, quem tolerava se sujar de pelo e baba era eu. Meu marido sempre se incomodou muito com todo amor expresso em "lambeijos" que a Belinda fazia questão de nos dar sempre que nos via. Então, quando comecei a fazer essas viagens longas, meu marido se limitava a colocar água e comida para a Belinda, o suficientemente rápido para ela não alcançá-lo e sujá-lo de pelos e babas. Foi então que a Belinda começou a desenvolver uma ferida no pé, entre seus coxins (as almofadinhas das patinhas dos cães), e, por mais que eu tratasse quando voltava para casa, assim que eu viajava essa ferida voltava a se abrir.

Uma professora que já conhecia as Leis Biológicas, ao me ouvir contar da ferida da Belinda, orientou-me a conversar com ela antes das viagens, explicando que eu passaria tantos dias fora, que meu marido cuidaria dela nesses dias, mas que ele tem as limitações dele e não conseguia dar a atenção que eu dava para ela. Que as pessoas são diferentes e estava tudo bem, que eu voltaria e tudo se normalizaria. Quando passei a ter esse diálogo com a Belinda, a ferida se fechou e não abriu mais, embora eu ainda permanecesse viajando por mais dois anos.

Viver essa mudança frente a um ajuste de informações me fez pesquisar mais sobre as Leis Biológicas, até que conheci o Rafael Livramento e o Método Noções da Existência. Participar do "Noções" foi transformador em diversos sentidos da minha vida pessoal e profissional, em um nível tão absurdo que meu marido brincava, dizendo "não vai pirar a cabeça". Eu costumo dizer que na faculdade de Medicina Veterinária aprendemos que uma doença se desenvolve a partir de uma mudança celular, e com as Leis Biológicas entendemos por que aquela célula precisou mudar! Só então entendi que a ferida do pé da

Belinda estava diretamente ligada ao conflito de contato e separação, com a percepção de perda de proteção que ela estava vivendo frente minha ausência.

Falando um pouco de comportamento animal, os cães são animais que nos consideram parte de sua matilha. Observando a dinâmica do clã humano no qual está inserido, o cão entende a posição de cada um, inclusive a dele. Acredito que, pelo temperamento e características próprias da Belinda, somados ao fato de que eu era a figura que a alimentava, brincava, dava carinho, e a corrigia quando tinha comportamentos inapropriados, ela me vê como a líder do grupo.

Quando comecei a viajar, a Belinda simplesmente passou a vivenciar um cenário em que, além da minha ausência, a pessoa responsável por sanar suas necessidades alimentares e sociais só deu conta de dar água e comida.

A ferida abria quando eu estava longe, o que indica uma fase ativa de um conflito vivido na impotência de uma separação não desejada. A função biológica dessa ulceração é exteriorizar os receptores sensoriais, de maneira a trazer mais rapidamente para o cérebro a informação de quando o contato for retomado, cessando assim a dor e o medo causados pela separação indesejada.

Um detalhe importante é que em determinado tempo, a ferida começou a apresentar larvas de moscas, mesmo eu fazendo os curativos aos finais de semana e deixando-a fechada. Com o Rafael, aprendi que as larvas vêm numa percepção de falta de coesão no clã, onde a coerência entre as posições de cada um na dinâmica familiar está abalada ou é alterada.

O que eu fiz, que curou a ferida da Belinda, foi conversar com ela toda vez que eu precisava viajar. Eu explicava para ela que eu iria para longe, que passaria x dias fora, que nesse tempo ela seria cuidada pelo meu marido, e que ele tem um bloqueio em cuidar de cães por conta de histórias que ele viveu e ainda não conseguiu lidar, mas que ele a amava da maneira que podia, e que não iria deixá-la passar fome, nem sede, nem frio. Frisava todas as vezes que após aqueles dias eu voltaria para casa e tudo seria como sempre, que nada daquilo mudaria o lugar dela na nossa família, nem o amor que sentimos por ela, cada um com sua maneira de expressar.

Os animais não entendem o significado das palavras que emitimos, nem o idioma que falamos, mas eles absorvem a vibração das palavras, a intencionalidade do nosso diálogo, e conseguem nos mostrar que estão entendendo, de uma maneira inteligente e às vezes até divertida.

Conseguir colocar um fim à ferida da Belinda foi muito satisfatório e me mostrou o poder da informação coerente, mas o que nem eu sabia na época era que a ferida em seu pé não só refletia um conflito dela ao se separar de mim, mas estava espelhando um conflito de separação não desejada do meu próprio marido, que precisou doar seu cão por pressão familiar, após uma situação em que o Roadie mordeu a sua irmã.

Roadie era um pit bull caramelo, não tinha o rabo nem orelhas cortadas, que cresceu dormindo na cama do meu marido, criado sem violência, e sem nenhum comportamento violento. Uma das brincadeiras preferidas do Roadie era morder panos velhos e garrafas *pet* cheias de água. Em um dia que meu marido não estava em casa, a irmã dele, que morava na edícula dos fundos, chegou com uma blusa de lã com manga larga e bufante. O Roadie subiu nela e mordeu a manga de sua blusa, sem pegar o braço dela. Porém, com o susto e todos os medos que envolvem a raça, ela deu um grito e chacoalhou o braço para ele soltar. Ele soltou a blusa e pulou novamente, nessa segunda vez ele mordeu o braço dela junto.

Ele não deu aquela mordida característica de um ataque, não tirou pedaços dela, que ficou apenas com a cicatriz dos furos do dente dele que entraram na pele. Mas a ocasião foi compreensivamente suficiente para que todos na família iniciassem uma cobrança para que o cão fosse retirado dali. Como essa irmã que morava nos fundos tinha um filho pequeno na época, o medo de que um novo ataque fosse causado pelo cachorro, principalmente contra seu sobrinho, mais a pressão dos familiares, fez com que ele arrumasse um doador, e sua história com o Roadie acabou ali.

Ele sempre dizia que nunca mais queria cachorro algum, mas a minha vontade de ter a Belinda era tão grande que eu não respeitei a opinião dele. Ao ser colocado em uma posição em que era o principal cuidador da Belinda, ele estava revivendo a época em que era o cuidador do Roadie. E para fugir dessas memórias, quando precisou tomar uma decisão contra a própria vontade, ele se limitou a fazer o mínimo possível para mantê-la com água e comida enquanto eu viajava.

Esse comportamento do meu marido com a Belinda era inconsciente, ele sempre disse que se incomodava com os pelos e as babas dela. Porém esse motivo ficava raso quando ele se jogava no chão para brincar com ela e ficava todo sujo e feliz! Somente agora, atendendo cada vez mais animais, compreendo por suas palavras que ser o cuidador da Belinda o fazia pensar que ele deveria estar cuidando do Roadie, e que ela estava representando aquilo com a ferida no pé também. Esse entendimento foi importante para ajudá-lo a ressignificar sua história com o Roadie, tornar essa memória mais leve.

Como nada na nossa vida é aleatório, podemos perguntar por que minha cunhada atraiu para a sua vida uma situação em que foi mordida por um cachorro, no local onde foi mordida, sob as circunstâncias em que foi mordida. E por que meu marido precisou passar por uma situação cuja única saída foi doar seu cão.

As respostas a essas perguntas são exemplos de como os animais, de qualquer espécie, influenciam e são influenciados pela energia com que vibramos, pelos conflitos que vivemos e para o que precisamos olhar na nossa história.

Não nos esqueçamos de que também somos animais, que a fala não é a única forma de comunicação, e que a racionalidade, que tanto nos fez evoluir, não deve nos impedir de compreender nosso sistema arcaico de sobrevivência!

“Somos animais: a racionalidade nos evoluiu, mas não deve ofuscar nossa capacidade de compreensão das formas arcaicas de sobrevivência.”

Natássia Fonseca

Foto: Beatriz Macedo.

Priscila Mendes Barros

Sou apaixonada pela vida, por pessoas e por histórias. Sou casada com Rodrigo, mãe de Carolina e filha de pais biológicos e adotivos.

Sou coautora do livro *Não seja refém dos seus sintomas*: *voltando ao meu lugar*, no qual compartilho mais sobre minha experiência com a adoção.

Fisioterapeuta integrativa por paixão, sou especialista em Leis Biológicas, com foco na saúde da mulher. Acredito que o corpo não apenas manifesta sintomas, mas revela histórias profundas, carregadas, principalmente, de memórias familiares.

Meu trabalho é ajudar mulheres a enxergarem seus sintomas como mensagens, e não falhas, para que assumam o papel de CEO de suas próprias vidas. Criadora do Processo de Restauração Integrativa (PRI), uno ciência, terapia e sensibilidade para guiá-las com clareza, confiança, poder e autoconexão.

primendesbarros

+55 11 99558 0123

primendesbarros

Códigos da EXISTÊNCIA

23 O CÓDIGO OCULTO DA PERIMENOPAUSA: SEU CORPO FALA

Por Priscila Mendes Barros

Vivemos um momento em que a perimenopausa finalmente começa a ganhar espaço nas discussões sobre saúde feminina. Mas será que estamos realmente compreendendo essa fase através da lente das Leis Biológicas? O que chamamos de "sintomas da perimenopausa" são, na verdade, respostas biológicas programadas — e não meros desequilíbrios hormonais aleatórios.

Perimenopausa x menopausa: qual a diferença?

A perimenopausa é um período de transição que antecede a menopausa. Caracteriza-se por oscilações hormonais que podem trazer irregularidade menstrual, fogachos, alterações de humor, insônia e mudanças na libido. Esse ciclo pode se estender por anos, refletindo o ajuste natural do corpo a uma nova fase da vida.

Já a menopausa é oficialmente confirmada quando a mulher completa 12 meses consecutivos sem menstruar. Nessa etapa, os ovários cessam a produção significativa de estrogênio e progesterona, consolidando a transição para a fase não reprodutiva.

Por que, então, essa mudança é vista como um problema? Em vez de ser encarada como um declínio, essa fase pode ser uma oportunidade profunda de autoconhecimento. Para isso, é essencial compreender que os chamados sintomas da perimenopausa estão diretamente ligados à procriação — uma das quatro funções vitais do corpo, junto com a respiração, a manutenção da água e a alimentação. Quando o corpo percebe que o período reprodutivo está chegando ao fim, ele entra em um estado de adaptação, ajustando-se à nova realidade.

A visão da medicina tradicional

A narrativa predominante sobre a perimenopausa gira em torno da queda dos hormônios e do esgotamento ovariano. No entanto, essa explicação ignora uma peça-chave: o impacto cerebral dessa transição. Se olharmos apenas para os hormônios e deixarmos de lado as mudanças estruturais no cérebro feminino, estaremos negligenciando uma compreensão mais profunda do que realmente acontece com as mulheres nesse período.

Poucas sabem que, além das alterações hormonais, há uma mudança estrutural na polaridade dominante cerebral. Esse processo, conhecido como PAT fisiológico, altera a lateralidade cerebral: mulheres destras tornam-se canhotas, e canhotas tornam-se destras. Essa inversão afeta diretamente a forma como lidam com o estresse, tomam decisões e se posicionam no mundo.

Sem essa compreensão, muitas mulheres podem se sentir vulneráveis e confusas. Se uma mulher destra, por exemplo, que sempre teve um padrão cerebral ativo no hemisfério esquerdo, ao entrar na menopausa, tem sua dominância cerebral direcionada para o hemisfério direito, esse deslocamento impactará sua percepção da realidade, sua resposta ao hiperestresse e sua maneira de interagir com o mundo ao seu redor.

Essa transformação não apenas redefine sua relação consigo mesma, mas também com sua família, sua carreira e suas escolhas de vida. No entanto, sem informações adequadas, muitas são rotuladas como instáveis, ansiosas ou deprimidas, quando na verdade estão atravessando uma reestruturação biológica profunda.

A diferença entre mulheres destras e canhotas

Para entender melhor esse processo, é importante diferenciar os comportamentos naturais de uma mulher destra e de uma canhota.

Mulher destra

- Território e identidade: busca reconhecimento, proteção e pertencimento. Prefere ambientes familiares e tende a ser conciliadora e tradicional.
- Comportamento: sensível a críticas, preocupada com a imagem e mais propensa a desempenhar papéis de apoio.
- Realização: muitas vezes, sua autorrealização está ligada à saída dos filhos de casa. Sob hiperestresse, pode se tornar mais combativa.
- Adaptação: diante de desafios ou frustrações, pode assumir um comportamento mais ativo e performático, semelhante ao de uma canhota.

Mulher canhota

- Território e identidade: prioriza a carreira e o sucesso profissional. Prefere escolher a ser escolhida e busca parceiros disponíveis.

- Comportamento: direta, provocativa e hiperperformática. Destaca-se em ambientes competitivos.
- Realização: sua identidade está atrelada à conquista e ao reconhecimento externo. No hiperestresse, tende a evitar o confronto e se retrair.
- Adaptação: quando sua estratégia não funciona, pode entrar em um estado de impotência, adotando um comportamento mais passivo.

O cérebro feminino é altamente adaptável e, quando uma estratégia não gera uma solução imediata, ele busca um novo caminho. Isso faz com que mulheres destras assumam comportamentos mais performáticos, enquanto canhotas podem se recolher temporariamente.

Quando a menopausa chega e o PAT fisiológico ocorre, esses padrões se invertem: a mulher destra passa a agir como uma canhota, e a canhota como uma destra. Se essa transição não for compreendida, pode gerar crises de identidade, sensação de desconexão ou até mesmo a impressão de estar "perdida" dentro de si mesma.

A menopausa como um recomeço

Saber disso muda tudo. Quando entendemos que a menopausa não é um colapso, mas sim uma atualização do sistema biológico, passamos a enxergar essa fase com mais consciência e poder.

Essa jornada pode ser vivida com clareza e autonomia – sem a sensação de que algo está errado ou de que perdemos o controle. A menopausa não é um fim. É o início de uma nova era na vida de uma mulher.

<u>Ana e o código biológico da transição</u>

Ana, 48 anos, chegou até mim carregando um corpo repleto de mensagens que ainda não sabia decifrar. Dores articulares no quadril direito, desconforto no ombro, constipação, irregularidade menstrual e uma libido enfraquecida compunham um quadro que, para muitos, poderia ser resumido à perimenopausa. Mas, sob a ótica das Leis Biológicas, seu corpo contava uma história muito mais profunda do que um simples "desequilíbrio hormonal".

A mudança invisível: quando o corpo assume o comando

Ana é destra. Durante toda a vida, sua biologia foi regida pelo estrogênio e pelo hemisfério esquerdo do cérebro, impulsionando-a para a conciliação, a harmonia nos relacionamentos e a estabilidade familiar. Mas, com a chegada da transição biológica, algo dentro dela começou a se inverter. O hemisfério direito assumiu a liderança, trazendo um comportamento mais racional, direto e voltado para si mesma.

Essa mudança, silenciosa e implacável, desorienta muitas mulheres. O que antes era resolvido com diplomacia, agora exige firmeza. O que antes era cedência, agora pede limites. A sensação de estar mudando sem entender por que pode ser avassaladora.

Adolescência dentro e fora de si

A vida de Ana não se transformava apenas internamente. Seus filhos também atravessavam uma fase de intensa transição. O filho canhoto, de 17 anos, e a filha destra, de 14, estavam imersos no turbilhão da adolescência, um período em que a busca por identidade e autonomia se torna combustível para confrontos e distanciamentos.

Ana sentia essa distância crescer, tornando-se uma testemunha silenciosa do amadurecimento dos filhos. Antes, sua presença era o centro da casa. Agora, parecia ser apenas um ponto de referência no fundo do cenário. Para uma mulher que sempre buscou manter a harmonia, essa nova dinâmica era dolorosa e inquietante.

E havia ainda outro desafio: a ausência do marido durante a semana. Sem seu apoio diário, ela se via sobrecarregada, tentando equilibrar as demandas do trabalho, da casa e da maternidade, ao mesmo tempo em que seu próprio corpo pedia por atenção e compreensão.

Cicatrizes invisíveis: quando o passado ecoa no presente

Conforme nossa conversa avançava, um fato crucial emergiu: anos atrás, Ana havia descoberto que o marido fez uma vasectomia sem o seu consentimento. Somado a um aborto anterior, esse evento marcou sua biologia com a impossibilidade definitiva da procriação.

E seu corpo respondeu a isso de forma clara.

- Dores no quadril direito – o peso de uma maternidade interrompida.
- Dor no ombro direito – desvalorização em relação ao pai e ao marido.
- Constipação – a dificuldade em soltar injustiças vividas.
- Irregularidade menstrual – o conflito biológico de uma mulher que perdeu a oportunidade de gerar outra vida.
- Baixa libido – um reflexo da desconexão com sua própria identidade feminina.

Além disso, Ana enfrentava outra grande transição: deixar a empresa do pai para seguir seu próprio caminho profissional. Esse movimento, embora libertador, ativava um conflito interno de lealdade e identidade, intensificando ainda mais suas dores.

Ao longo do processo terapêutico, Ana aprendeu a enxergar seus sintomas não como inimigos, mas como guias. Com essa nova percepção, iniciamos um processo profundo de transformação. Ela aprendeu a liberar os ressentimentos presos à decisão do marido e à interrupção de sua própria jornada de procriação. Compreendeu que a perimenopausa não era um fim, mas um portal para uma nova fase de potência e expressão.

Ao redefinir sua relação com os filhos, encontrou um equilíbrio entre acompanhá-los e manter-se conectada consigo mesma. Resgatou sua identidade feminina, libertando-se das amarras do passado sem carregar culpas desnecessárias. E, talvez o mais libertador, redescobriu seu corpo e seu desejo — não como algo perdido, mas como um fogo adormecido, sufocado por conflitos não resolvidos, agora pronto para arder novamente.

A maneira como fui construindo a compreensão do caso está profundamente alinhada com o curso "Noções da Existência", a mentoria e também o *mastermind* do qual faço parte atualmente como o mentor Rafael Livramento. Esses ambientes têm me proporcionado uma visão mais ampla e estruturada, permitindo conectar os elementos terapêuticos com ainda mais clareza e profundidade.

Sua transição pode ser mais leve

Se você está vivendo sintomas semelhantes aos de Ana e sente que seu corpo está tentando lhe dizer algo, posso ajudá-la a decodificar essas mensagens. As transições biológicas não precisam ser um período de sofrimento e confusão. Em uma sessão individual, você vai compreender os sinais do seu corpo e aprender a lidar com essa fase de forma mais leve e consciente.

Agende sua sessão comigo e comece sua transformação.

"O que chamam de sintomas da perimenopausa são expressões de conflitos biológicos de procriação que pedem para ser decifrados."

Priscila Mendes Barros

24 AS CONCEPÇÕES GEMELARES E SEUS IMPACTOS

Por Rafael Livramento

Durante um bom tempo da minha vida, tive muita dificuldade em me relacionar, comigo mesmo e com as pessoas; uma sensação de que faltava algo, um vazio que não sabia explicar, como se não me encaixasse nesse mundo. Ao mesmo tempo, ficar sozinho também era doloroso e quando tinha que fazer algo como almoçar em um restaurante, por exemplo, tinha a necessidade de convidar alguém para ir junto comigo. Eu achava, na minha imaturidade, que era algo como "não gostar da minha própria companhia", mas não era nada daquilo.

Foi apenas quando comecei a estudar as Leis Biológicas que ouvi falar pela primeira vez sobre as **concepções gemelares com redução embrionária**, e a partir de então tudo fez sentido para mim. O assunto do qual vamos tratar nesse capítulo pode soar estranho para você, da mesma forma que pode surpreendê-lo(a). Eu costumo dizer aos meus pacientes e ensinar aos meus alunos que a informação acerca das concepções gemelares nunca são racionais. A pessoa simplesmente sente se é ou não; se faz sentido, ou não faz.

Mas o que seria isso?

Pouco se fala desse assunto, mas na minha experiência como terapeuta, vejo isso constantemente no consultório e o seu profundo impacto na vida das pessoas.

Da mesma forma que muitas gestações são interrompidas no início da gravidez, as concepções gemelares com redução embrionária correspondem a uma interrupção natural no desenvolvimento de um ou mais embriões logo após a concepção, sem que a gestante tenha consciência disso. Em outras palavras, existia uma concepção gemelar (irmãos gêmeos ou até trigêmeos) mas só um embrião se desenvolve. Pode ser evidenciada por uma perda de sangue logo no início da gestação, uma sensação de pontada na região uterina e um diagnóstico de aborto espontâneo embora a gravidez continue, mas na grande maioria dos casos ocorre de forma silenciosa, sem nenhuma manifestação física.

Costumo dizer aos meus pacientes que é a nossa memória de mamífero de ninhada, uma tentativa de perpetuação da espécie para que naquele grupo os indivíduos possa haver mais chances de sobrevivência, caso ocorra alguma perda. E isso é muito comum em famílias com históricos de abortos, gestações difíceis ou perdas de crianças. Mas o contexto vai muito além. Biologicamente falando, é um irmão gêmeo que morre e causa a primeira dor de separação do indivíduo em desenvolvimento.

A perda precoce de um irmão gêmeo gera uma profunda marca no comportamento do indivíduo que fica, afinal, é uma morte vivenciada de muito perto. São pessoas que, quando crescem, expressam uma necessidade muito grande de se vincular a outras pessoas, quase como uma fusão; são pessoas que podem emendar um relacionamento atrás do outro, que não suportam a separação e que não conseguem fazer coisas sozinhas. É muito difícil ficar só, pois ficar só é uma releitura inconsciente de ficar só após a partida do gemelar.

Mas em outras pessoas isso também pode se manifestar de forma oposta, com a dificuldade de se vincular. São pessoas que têm um medo profundo de se relacionar com outras pessoas, isolando-se e não abrindo espaço para que se aproximem dela. O vínculo se torna um perigo, pois se vincular, para o cérebro, é sinônimo de perder, separar. As duas manifestações são os dois lados de uma mesma moeda e expressam conflitos de separação devido à perda do gemelar. Nem todo conflito de separação tem como origem as concepções gemelares com redução embrionária, mas toda concepção gemelar com redução embrionária é um conflito de separação.

Uma vez atendi uma paciente que chegou ao consultório com um quadro de depressão bem forte. Quando perguntei desde quando ela apresentava aquele quadro, ela me deu a seguinte resposta: "Rafael, perdi uma amiga que era **como uma irmã** para mim!", uma resposta típica de uma pessoa com quadro de gemelaridade e de fato a origem de sua questão. Com duas sessões, a paciente saiu do quadro depressivo e retomou sua vida normal, agora de uma forma muito diferente.

São pessoas que podem ter a sensação de que algo ruim pode acontecer de forma repentina e manifestar um medo muito grande da morte ou da perda de pessoas próximas, como se alguém pudesse "ser retirado de mim", a qualquer momento.

Quando entendi minha memória de gemelaridade, ficou muito claro o quanto esses conflitos de separação impactavam minha vida e minhas relações. Nas amizades, eu tinha sempre a sensação de que as pessoas iam embora e eu ficaria sozinho, gerando uma grande sensação de abandono e desamparo — outra característica de gemelaridade —, além do fato de que sempre questionei minha capacidade de colocar meus projetos (ideias) em prática ou em continuidade, afinal, o gemelar é um "projeto descontinuado". Portanto, a dificuldade de encerrar ciclos, a sensação de não dar continuidade nos projetos e uma dificuldade de terminar o que começa também são comuns.

Outra característica marcante da concepção gemelar com redução embrionária é o sentimento de culpa difuso, que pode se manifestar de várias formas, como se culpar por não poder ir ao aniversário de um amigo por ter que trabalhar. A pessoa se culpa por não ir e tem medo de perder um lugar em relação a esse amigo, como: "Se eu não for, perco meu lugar nessa amizade!". Esse sentimento de culpa difuso tem como pano de fundo um sentimento de: "Por que eu vim ao mundo e o outro não?". São pessoas que, em nível mais profundo, não se permitem viver a própria vida e gozar de seus benefícios, mas não sabem explicar o porquê.

De forma inconsciente, as pessoas podem projetar esse gemelar em animais de estimação, parceiros, amigos e outras pessoas. Essas crianças geralmente chegam ao consultório com dois bonecos ao invés de um, dizem que têm os famosos amiguinhos imaginários, medo de fantasma, do escuro e pedem constantemente um irmãozinho ou uma irmãzinha aos pais.

É comum, também, que essas pessoas apresentem dificuldade em fazer escolhas. Se são confrontadas com duas ou três opções, é quase uma sensação de estar entre a "vida e a morte". "Se escolho algo, estou abrindo mão de outro!". E abrir mão é reler, de forma inconsciente, a partida do irmão gêmeo. Isso leva a um comportamento no qual a pessoa procrastina suas escolhas e não consegue se apropriar de suas decisões, resultando em uma série de problemas em sua vida.

Os nomes compostos, a junção de nomes e a duplicidade de letras no nome, por exemplo, Pedro Henrique, Danielle ou Mariana (Maria + Ana), também são sugestivos de concepção gemelar. Ou pessoas que vão a uma loja e não conseguem comprar uma coisa só. Têm que levar duas ou até três coisas, pois parece que falta algo se levam um só item. Eu mesmo escrevi dois capítulos aqui neste livro! Escrevi o primeiro, não gostei, então resolvi escrever o segundo (risos).

Brincadeiras à parte, alguém aí se identifica?

Uma vez, ao atender uma paciente, ela me disse: "Rafael, essa história de gemelar não faz sentido para mim!". Pouco depois, na mesma sessão, ela me disse: "Você acredita que por **dois** meses seguidos recebi **duas** cobranças da minha conta de água me cobrando o **dobro** do valor?". O cérebro busca, de várias formas, mostrar a duplicidade das coisas e trazer essas informações para que possam ser ressignificadas.

Outro dia recebi de uma aluna do Noções da Existência, médica obstetra, uma foto tirada logo após um parto. Na foto, tinha uma placenta grande da qual a criança nasceu e, junto a ela, uma menor, menos desenvolvida. Ela me mandou a foto e disse: "Olhe, Rafael, uma possível concepção gemelar! A medicina ainda não consegue explicar essa placenta acessória. Além disso, o nome da criança que nasceu é Ana Luiza! Conversei com os pais e, para eles, fez sentido!". Incrível, não? A consciência desses pais, desde cedo, sobre essa possibilidade pode ajudá-los a observar os comportamentos que essa criança pode manifestar com o passar dos anos.

O que fazemos, enquanto terapeutas, é escutar o paciente para compreender qual o contexto de como aquilo se manifesta em sua história. Na prática, essas informações dificultam à pessoa expressar sua autonomia de vida, fazer suas escolhas de forma mais consciente e desempenhar o papel biológico que veio cumprir nessa existência até que tenha consciência desses mecanismos invisíveis. Nada é negativo, mas enquanto isso for um ponto cego, muitas escolhas serão baseadas nas memórias e estratégias desses conflitos e darão ao indivíduo a sensação de que "a vida não lhe pertence", de alguma forma.

No meu entender, a vida nos traz, de tempos em tempos, situações que nos ajudam a ressignificar cada vez mais as memórias das concepções gemelares para construirmos, passo a passo, nossa autonomia. Assim como na natureza existe o animal que se sacrifica em prol do bando, acredito que o gemelar é aquele que, de alguma forma, se sacrifica para que possamos vir e cumprir o papel que precisamos aqui.

Essas informações não são uma receita de bolo e é necessário analisar caso a caso, mas o que posso dizer é que, em anos de experiência e depois de milhares de pacientes atendidos, é mais comum do que imaginamos. Por isso a necessidade de ressignificação dessas informações, em que a inclusão desse gemelar no sistema através de um atendimento direcionado, bem como atos simbólicos, promove um equilíbrio que proporciona ao indivíduo uma sensação de pertencimento e segurança.

Talvez, você que esteja lendo esse capítulo tenha se identificado; talvez não, e está tudo bem! Como disse, a percepção das concepções gemelares não é racional. Descobri-las poderá lhe trazer uma profunda compreensão sobre certos mecanismos invisíveis que moldam alguns de seus comportamentos e explicar por que certos fatos tendem a se repetir em sua história.

E tenha certeza de que, se você traz da sua história a memória de uma concepção gemelar com redução embrionária, em algum momento a vida vai convidá-lo(a) a olhar para isso e trazer esse contexto à sua consciência, o que será uma bênção em sua vida. Você só precisa de uma ferramenta como as Leis Biológicas para ajudá-lo(a)!

"Compreender a memória e o impacto das concepções gemelares é um caminho para escolhas mais conscientes e maior autonomia de vida."

Rafael Livramento

Roberta Fioravante

Sou Roberta Fioravante, primeira filha de Jair e Aparecida, esposa de Paulo, mãe de João Guilherme, Valentina e Antonella, e madrinha do Noções da Existência. Iniciei minha carreira na fisioterapia com foco em dores físicas, mas logo percebi a profundidade das questões femininas. Eu mesma enfrentei cólicas menstruais fortes, endometriose e infertilidade, até compreender minhas raízes ancestrais e curar meu feminino. Aos 44 anos, realizei novamente o sonho da maternidade, em um processo de reconexão e transformação interior. Criei o método Reconectar Feminino, que integra Leis Biológicas e abordagens transgeracionais, formando terapeutas e expandindo a saúde feminina. Minha missão é levar equilíbrio, prosperidade e luz a mulheres que buscam resgatar seu poder e bem-estar.

drarobertafioravante

+55 (11) 97561-9698

25 A INFLUÊNCIA TRANSGERACIONAL NA SAÚDE DA MULHER

Por Roberta Fioravante

A mulher moderna enfrenta um conjunto complexo de desafios que se estendem por diversas áreas de sua vida: profissional, familiar, relacional e, sobretudo, de identidade. Apesar de todo o progresso social, ainda carregamos, muitas vezes de forma inconsciente, padrões emocionais, crenças e comportamentos herdados de nossas antepassadas. Esse fenômeno é o que chamamos de influência transgeracional, que atua não apenas no âmbito psicológico, mas também no biológico, podendo repercutir na saúde feminina de maneira profunda.

Desde cedo, aprendemos que "ser mulher" traz uma série de expectativas. Nossas avós, bisavós e demais ancestrais legaram comportamentos de sobrevivência, crenças sobre maternidade, relacionamentos, dinheiro, sexualidade e cuidados com o corpo. Essas informações, muitas vezes, chegam a nós por meio de frases, atitudes ou até mesmo como um "modo de funcionamento automático" que nem sempre questionamos. É nesse ponto que surge um desafio moderno: como conciliar essa bagagem ancestral com a necessidade de evoluir, conquistar espaços e manter a saúde em equilíbrio?

Muitas vezes, os sinais de que algo não vai bem se manifestam por meio de sintomas físicos. Cólicas intensas, endometriose, miomas, infertilidade, desequilíbrios hormonais e dificuldades na amamentação podem ser exemplos de como a biologia feminina responde a conflitos profundos, sejam eles pessoais ou herdados. É como se o corpo dissesse: "Há algo aqui que precisa ser visto e compreendido". Cada sintoma carrega uma mensagem única e, ao olharmos para ele de forma mais ampla, levando em conta a história familiar, podemos revelar camadas de significados que vão além do diagnóstico clínico tradicional.

A epigenética, área que estuda como fatores ambientais e emocionais podem influenciar a expressão dos genes, oferece respaldo científico à ideia de que traumas, medos e conflitos não resolvidos podem ser transmitidos de geração em geração. Na prática, isso significa que o estresse vivido por uma ancestral, seja ele proveniente de perdas gestacionais, relacionamentos abusivos, guerras ou qualquer outra situação, pode repercutir nos descendentes. Em especial, no caso das mulheres, o útero e o ciclo menstrual se mostram campos férteis de registro dessas memórias.

Um exemplo frequente é o de mulheres que têm medo inconsciente da maternidade ou vivem repetidamente abortos espontâneos, sem causa médica aparente. Ao investigar a história familiar, pode-se descobrir que suas avós ou bisavós passaram por perdas gestacionais traumáticas, dores não elaboradas ou mesmo imposições severas ligadas ao papel de mãe. Esses registros podem influenciar as gerações seguintes, criando barreiras emocionais que se manifestam como sintomas no corpo.

Apesar de tudo isso, não estamos fadadas a repetir essas histórias indefinidamente. Podemos romper ciclos negativos e transformar a herança ancestral em fonte de força e sabedoria. Mas, para que isso aconteça, é essencial olhar conscientemente para as raízes familiares. A primeira etapa desse processo de conscientização passa pela investigação das narrativas que povoam nosso clã, ouvindo as histórias das mulheres da família e entendendo como elas lidaram com relacionamentos, dinheiro, sexualidade e outros aspectos da vida. É necessário realizar um trabalho de autoconhecimento, identificando quais dessas crenças foram incorporadas em nossa própria identidade feminina.

A conexão com a mãe, por exemplo, é de extrema relevância. Quando somos geradas, passamos nove meses dentro de outro corpo, e tudo o que aquela mulher vivencia emocionalmente pode nos afetar. E não para por aí: nossa mãe, por sua vez, já esteve no útero de nossa avó. Dessa forma, trazemos em nosso DNA e em nossas células não apenas características físicas, mas também marcas de experiências vividas por gerações anteriores. Se a mãe sofreu abandono ou grandes frustrações, se a avó viveu em meio a conflitos ou repressões, tudo isso pode se refletir em nossos próprios comportamentos e saúde, em alguns momentos, sem que tenhamos clareza sobre a origem desses padrões.

As Leis Biológicas, muitas vezes associadas aos estudos que relacionam emoções e doenças, podem oferecer ferramentas para compreender como os conflitos emocionais se relacionam com a fisiologia. Cada tecido do corpo tem um significado, cada sintoma pode ser decodificado e conectado a um conflito específico. Ao integrarmos esse conhecimento com o olhar transgeracional, ampliamos ainda mais nossa capacidade de entender e resolver as origens de certos desequilíbrios.

O método Reconectar Feminino surge como uma proposta que integra esses saberes e convida as mulheres a mergulharem profundamente em sua história. Por meio de um processo de investigação, acolhimento e ressignificação, é possível perceber como o passado fala através do corpo, como as mensagens celulares e emocionais herdadas estão influenciando o presente e, principalmente, como podemos romper com padrões que não nos servem mais. Isso não significa invalidar as experiências de nossas ancestrais, mas sim honrá-las, compreendendo que muitas delas fizeram o melhor que podiam nas condições que tinham. Ao mesmo tempo, libertamo-nos do peso de repeti-las, abrindo espaço para uma nova forma de existir como mulher.

Há diversos benefícios ao trilhar esse caminho de autoconhecimento. Além do alívio de sintomas físicos, ocorre o fortalecimento da identidade feminina. Passamos a ter clareza de que nossas escolhas não precisam se basear no medo ou na repetição de modelos antigos. Podemos nos tornar mais conscientes e presentes na vida afetiva, profissional e familiar, reconhecendo que somos parte de uma linhagem, mas que temos o poder de atualizá-la. Assim, cada geração se torna mais livre para expressar o potencial criativo, intelectual e emocional.

Embora a pressão sobre a mulher moderna seja grande, os recursos também são maiores. Hoje, dispomos de mais conhecimento, tecnologia e abertura para falar sobre temas que antigamente eram tabus, como sexualidade, relacionamentos abusivos e saúde mental. Temos também maior autonomia financeira e podemos buscar diferentes formas de cuidado, como terapias integrativas e práticas transgeracionais. O desafio, então, é usar essas ferramentas para romper os bloqueios que por tanto tempo envolveram as questões do feminino.

Ao identificar nossos maiores desafios como mulheres, podemos direcionar nossa energia para transformá-los. Para algumas, o obstáculo está na autoimagem e na relação com o corpo; para outras, na dificuldade de equilibrar maternidade e realização profissional; há ainda quem tenha conflitos na vida afetiva, repetindo relacionamentos destrutivos sem entender o porquê. Todas essas situações podem ser analisadas sob a ótica do que recebemos do clã e do que nossa biologia sinaliza como urgência de cura.

Por exemplo, ao trabalhar com dores uterinas crônicas, é valioso investigar como a ancestralidade lidava com a fertilidade, com abortos, com o papel de mãe e esposa. Muitas vezes, essas dores podem ser a expressão de conflitos antigos que ainda vibram em nós. Ou, ao lidar com um bloqueio financeiro, pode ser útil considerar como as mulheres da família relacionavam-se com o dinheiro, se eram dependentes, se sofriam privações, se viveram experiências de escassez que possam ter gerado medos e traumas.

É importante salientar que esse processo não é sobre encontrar culpados, mas sobre compreender que nossas antepassadas viveram em contextos diferentes e nem sempre tiveram acesso às mesmas liberdades e informações que temos hoje. Ao tomarmos consciência de que repetimos um padrão, honramos a história daquelas mulheres, mas podemos escolhemos traçar um caminho diferente, baseado no que é essencial para a nossa própria realização e para a saúde de nosso corpo. Esse exercício de amor e respeito pelo passado é também um gesto de libertação para o futuro.

Há a possibilidade de olhar para nossas diversas identidades de forma integrada. Somos muitas em uma só: filha, esposa, mãe, profissional, amiga, amante, cuidadora e sonhadora. Cada uma dessas facetas pode trazer desafios específicos, mas todas estão unidas pelo nosso ser essencial, que, por vezes, fica soterrado pelas demandas externas. Ao nos reconectarmos com nossa essência, aprendemos a dizer "sim" para o que faz sentido e "não" para o que nos aprisiona em papéis que não se alinham com o nosso verdadeiro desejo.

A força criadora que habita cada mulher pode e deve ser alimentada. A ciclicidade que o corpo experimenta por meio do ciclo menstrual é uma forma de nos lembrarmos de que somos natureza, de que passamos por fases de expansão, recolhimento, renascimento e criação. Ao abraçarmos essas fases, entendemos que existem momentos para plantar, momentos para colher, momentos para gestar ideias e momentos para deixá-las florescerem, repetindo o ritmo que nossos ancestrais seguiam em conexão com a Terra.

A transformação que acontece quando mergulhamos nesse universo transgeracional repercute não apenas em nós, mas também nas gerações futuras. Ao curar feridas emocionais antigas e ressignificar padrões prejudiciais, estamos criando um campo de possibilidades para nossas filhas, sobrinhas, netas e demais descendentes. Elas terão a chance de crescer com um referencial de mulher mais consciente e livre, contribuindo para que seu corpo carregue informações que vão além da sua própria existência. É um mapa vivo, repleto de memórias e potenciais. Quando assumimos a responsabilidade de decodificar essas mensagens, passamos a viver em maior coerência, despertando nossos recursos internos para alcançar equilíbrio, prosperidade e luz. Esse é o chamado da mulher moderna: honrar o passado, transformar o presente e inspirar o futuro, abrindo caminho para novas narrativas de saúde, liberdade e amor-próprio.

“Somos criadoras de mundo.”

Roberta Fioravante

Robson Takeda

Sou o Doutor Robson Takeda, médico integrativo. Minha formação veio do modo mais tradicional possível: faculdade de Medicina, especialização em Oftalmologia, subespecialização clínica e cirúrgica em córnea e catarata e, por algum motivo, fiz uma pós-graduação em Medicina Integrativa. E esse mundo me abriu a possibilidade de conhecer o curso Noções da Existência do querido Rafael Livramento. Quanta descoberta! Quanta lógica! Que Medicina é essa? Essa é a Medicina que eu quero praticar. Uma medicina que analisa como tratar você e não somente sua doença. Venha descobrir a complexidade humana neste breve capítulo. Tenha uma leitura leve e agradável!

drrobsontakeda

26 MEDICINA ALTERNATIVA OU A LÓGICA DA MEDICINA?

Por Robson Takeda

Existe um espaço onde todas as doenças, emoções e comportamentos são explicados por uma lógica e existe um espaço onde a vida é preservada com a mais preparada tecnologia atual. E se esses dois espaços fossem duplamente respeitados e levados em consideração para toda e qualquer situação da vida?

Eu vou lhe contar uma história. Luísa, uma gerente de banco extremamente preparada para sua função, sempre que exigida, conseguia bater todas as suas metas. Seu desempenho era fantástico; nunca nenhuma mulher tinha conseguido tal feito naquele banco. Por isso, ela estava prestes a ser promovida para a sede internacional.

Porém, ao entrar em contato com a sua chefe internacional, começou a ter muitas divergências; ela passou a sentir que a chefe não a queria lá. Afinal, quem é essa brasileira, "metida à besta" que vai vir e "cantar de galo"? Isso se estendeu por longos seis meses. Nesse tempo, talvez os piores meses de sua vida, Luísa se esqueceu completamente de sua saúde. O estresse era tão alto que mal conseguia dormir; não estava mais conseguindo bater suas metas no banco e uma das únicas felicidades que tinha era quando conseguia tomar uma garrafa de vinho, relaxar e apagar no sofá.

Quando finalmente estava prestes a assinar o contrato de promoção — e para isso foi necessário atualizar os seus exames de rotina —, deparou-se com um diagnóstico assustador: um câncer de mama em estado avançado, extremamente agressivo e com necessidade urgente de cirurgia.

Era o fim de um sonho! Como ela poderia assumir um cargo nessas condições? A empresa internacional não podia esperar. E agora? Como seria essa cirurgia?

Ela estava com muito medo.

Essa é uma história, como tantas outras, que acontecem no nosso cotidiano. Se existisse uma lógica para vida, qual seria essa lógica? Será que Deus não quis? Será que Deus está me castigando? Por que isso está acontecendo comigo e justamente agora?

Senhoras e senhores, a vida está aí para nos mostrar o que é preciso ser visto.

Todo sintoma conta uma história

Pergunto: quais são os sintomas que podem ser identificados nessa breve história? Pode ser que muitos de vocês digam: câncer de mama. Sim, esse é o sintoma físico. Mas o que dizer do padrão performático que Luísa apresentava? O que dizer da dificuldade de relacionamento com a chefe mulher? O que dizer do impedimento de expandir os limites para fora do Brasil? E o que dizer do estresse?

Todos esses fatores são extremamente importantes. Na medicina atual, é unânime o entendimento de que o estresse pode gerar ou agravar uma doença. Mas por quê? O que é realmente o estresse? Por exemplo, para uma dona de casa os serviços domésticos podem ser extremamente estressantes. E, ao mesmo tempo, o CEO de uma empresa multinacional pode tirar de letra todas as inúmeras funções que ele precisa desempenhar na empresa. Quem tem mais estresse?

Então, a grande questão é: não é **o que** você vive! É **como** você percebe aquilo que vive! Esse conceito vem da Nova Medicina Germânica, que foi desenvolvida pelo médico alemão dr. Hamer. Ele era oncologista (médico especialista em câncer) e desenvolveu um câncer de testículo logo após o filho ser assassinado. Ele ficou extremamente intrigado, pois não havia ninguém na família com esse tipo de câncer. Então, começou a estudar as relações dos seus próprios pacientes com o câncer e percebeu que, em um nível inconsciente, seu corpo tentou "substituir" o filho perdido, gerando mais células testiculares na tentativa de garantir a continuidade da vida e poder ter um novo filho.

Dessa forma, a Nova Medicina Germânica foi desenvolvida, com base em cinco Leis Biológicas que explicam a lógica dos sintomas, das emoções e dos comportamentos, gerando, assim, um novo olhar.

A medicina atual ainda não consegue enxergar essa lógica, mas isso vai mudar! Hoje, a medicina é extremamente eficiente em tratar doenças graves. Quem tiver sintomas de um infarto, por favor, não vá ficar em casa querendo entender o que está acontecendo. Vá imediatamente a um pronto-socorro! A medicina é uma benção para a vida humana. Todas as descobertas médicas estabeleceram um novo patamar de cuidados. O que seria da vida humana se os antibióticos não tivessem sido desenvolvidos? Se as cirurgias não tivessem a excelência que tem? Se os medicamentos de fato não pudessem salvar vidas?

Porém, também é um fato que, a cada dia, mais e mais medicamentos são lançados para as mais diversas doenças. Existe remédio para dor de cabeça, remédio para controlar pressão e diabetes, para ansiedade, para dormir, para ter mais disposição durante o dia e para não agredir o estômago com tudo o que se toma.

Da mesma forma que as descobertas médicas são extremamente importantes, foram necessários estudos para cada doença. A medicina é cada vez mais especializada. Existe um médico para tratar a dor de cabeça, um para tratar o estômago e outro para tratar a dor na perna, mas se essa dor na perna for dor no joelho, então é outro médico especialista em joelho que você deve procurar.

Essa medicina especializada tem gerado uma situação esquisita. O paciente é fatiado, vai no gastro, vai no cardio, vai no ortopedista e, se nenhum desses médicos resolver o problema, vai para o psiquiatra, pois o problema deve ser mental e ele pode estar louco. Essa realidade trata os sintomas, mas impede de tratar o que realmente importa, que é **você**! E eu pergunto: é dessa forma que você merece ser tratado?

Infelizmente, hoje existe um problema muito grave na sociedade, que é defender um lado da polaridade. O certo e o errado. O bom e o mal. Esquerda ou direita. E é o radicalismo de um dos lados que leva aos problemas. Porque a polaridade é uma realidade e também uma lei universal. Sempre existem os dois polos, e querer negar ou não enxergar os dois lados é uma limitação que o ser humano não pode mais viver.

No caso da Luísa, é preciso enxergar que existe uma relação muito grande entre o sintoma físico que ela apresentava e a história de vida dela. Qual é a necessidade da performance e, ao mesmo tempo, por que existiu a dificuldade de romper os limites, as fronteiras e ir para o mundo? Por que existiu uma dificuldade de relacionamento com a chefe mulher? Por que um câncer de mama e não um outro tipo de câncer? Todas essas relações precisam ser investigadas para trazer a luz da consciência para ela.

Aqui, entra uma das maiores polaridades da vida: o masculino e o feminino. Essas energias estão intimamente ligadas nessas relações. Uma necessidade de performance está ligada ao masculino; é a energia masculina que está envolvida nas ações, em ter garra para conseguir mais, em conquistar territórios. No caso de Luísa, mesmo tendo aquela garra toda, por que foi impedida pela doença de alcançar mais territórios, romper os limites e ir para o mundo? Quais as dificuldades dela com essa energia masculina? Desde quando essas dificuldades acontecem? Reflita: qual é a nossa primeira referência de energia masculina? A primeira referência é o nosso pai. Então, como foi a relação dela com o pai dela? O que aconteceu na infância? Por que ela é tão performática? Ela precisava mostrar o seu valor para alguém?

E o câncer de mama? Por que a mama? A mama está intimamente relacionada à infância, aos primeiros cuidados daquele bebezinho indefeso, que precisava do peito da mamãe para garantir o sustento e a proteção. Podemos nos esquecer às vezes, mas somos animais da espécie dos mamíferos. E nossa memória arcaica nos remete à necessidade de nutrição materna. Então, será que a Luísa teve, em sua história, dificuldades na amamentação? E como era a relação com a mãe dela? Como é a relação dela com a energia feminina? Por que sua chefe mulher não a queria no cargo de jeito nenhum?

Consegue perceber que o câncer de mama é uma manifestação física e que tem uma raiz por trás dele? Você pode ficar na dúvida: "Tudo bem. O câncer não foi do nada. Mas como tratar? Dá para curar o câncer?". É justamente aqui que vejo com bons olhos todo o desenvolvimento da medicina atual. Se o câncer é agressivo e está comprometendo a saúde física da pessoa, é extremamente importante usar todos os recursos disponíveis. Uma cirurgia, por mais dolorosa que possa parecer, é hoje o que garante a vida dela? Então vá! Alinhado a isso, entender todos esses aspectos da lógica que se apresentou é a forma de, talvez, não ter uma complicação da cirurgia ou um agravamento da situação. E hoje, ela pode entender que o seu corpo respondeu a todo estresse que ela vivenciou; não somente ao estresse desses últimos seis meses, mas ao estresse de uma vida toda!

Portanto, entender os comportamentos, entender as dificuldades e ver as doenças como manifestações físicas de algo muito impactante na vida é poder enxergar as diversas camadas da complexidade humana. E poder contar com o apoio da tecnologia médica em momentos desafiadores é ter à disposição o melhor que se desenvolveu atualmente para salvar uma vida. Mas para que tudo isso? Para realmente você ter uma vida melhor e poder desfrutar de momentos verdadeiros.

Qual é a graça da vida se for para ser vivida como uma batalha? Ser vivida com relações problemáticas com os pais? Estes, por mais complicados que possam ter sido, foram as pessoas que nos deram a oportunidade de vivenciar certos fatos. Curar essas relações é a sua possibilidade de ter uma vida real. Talvez eles não o(a) entendam, porque, por mais que sejam as pessoas mais importantes da sua existência, eles têm suas limitações, como qualquer ser humano. E, infelizmente, não cabe a você curá-los. Cabe a você se curar. Cabe a você a sua vida. É dizer: "Gratidão, pai e mãe, mas hoje sigo em frente com a minha vida. E estou aqui para ajudar no que me pedirem, no meu lugar de filho".

“Viver a vida como se fosse uma batalha vai deixá-lo(a) em cacos.”

Robson Takeda

Sandra Ranieri

Sou Sandra Ranieri, natural de Limeira/SP, filha de Silvio e Inês. Sou esposa de Carlos Ranieri há 34 anos, mãe da Aline e da Karla, e avó da Sarah e da Olívia.

Sou psicóloga há dez anos, atuando com terapias integrativas. Facilito o *workshop* "Unir versos" com Cartas Associativas Metafóricas. Sou certificada por Moritz Egetmeyer e Ofra Ayalon. O universo terapêutico abriu meu mundo e me ajudou a acreditar primeiro em mim.

Em 2021, fui encantada pelas Leis Biológicas através de Rafael, cuja postura gentil e amorosa mudou minha história de vida.

Minha trajetória foi desafiadora, mas percebi que é possível mudar nossas histórias. Encontrei minha verdadeira essência e agora vejo com clareza o propósito da vida. Hoje, amo muito mais o que faço e estou pronta para servir.

sandra_ranieri_psicologa
sandra.ranieri13@yahoo.com
+55 (19) 99255-4569

27 CONFLITOS BIOLÓGICOS: RUMO À VERDADEIRA IDENTIDADE

Por Sandra Ranieri

"Tal conhecimento é maravilhoso demais para mim: é sobremodo elevado, não o posso atingir" (Sl 139:6).

Antes de ser convidada a escrever este capítulo, eu acreditava que não tinha capacidade para criar algo tão grandioso e carregava dentro de mim a crença de que eu nunca seria capaz de fazer algo tão elevado. E, ao deparar com a conhecida pergunta "quem sou e qual é meu propósito?", percebi que respondê-la se torna cada vez mais difícil, e, às vezes, até impossível.

A identidade e o propósito humano são moldados pelas histórias vividas e contadas por familiares e por outras pessoas que contribuíram para assegurar a nossa sobrevivência. Entender essas conexões é fundamental, pois isso influencia profundamente quem somos e qual papel biológico viemos cumprir, já que cada filho ou pessoa tem sua função a desempenhar.

Lembro-me com carinho do meu avô materno, descendente de indígenas, narrando contos ao lado do fogão à lenha. Esses momentos influenciaram profundamente minha vida e, hoje, adoro escutar e interpretar as histórias dos meus clientes. Por outro lado, a falta de coesão do clã pode gerar conflitos e prejuízos duradouros, afetando a identidade individual e coletiva. Nesse contexto, a falta de entendimento e estudo me fizeram acreditar que meus conflitos levaram ao insucesso.

O aprendizado e a perseverança fortaleceram minha determinação em buscar novos sonhos. Os princípios biológicos ajudam a interpretar os sentimentos e comportamentos de cada indivíduo, e isso enriqueceu meu processo de mudança, ao ressignificar as experiências difíceis de meus antepassados.

Os desafios na vida se manifestam em três aspectos: medo, impotência e solidão. Mudar a perspectiva transforma a realidade. Pergunte a si mesmo o que a vida quer de você. A mudança vem com uma nova percepção, cada um enxerga a vida de forma única, mas, ao olhar através das Leis, percebi que elas podem realmente transformar a realidade de forma profunda.

"Então, o Senhor disse a Abraão: Saia da sua terra, do meio dos seus parentes e da casa do seu pai, e vá para a terra que eu lhe mostrarei" (Gn 12:1).

No passado, não entendia o texto de Gênesis sobre se afastar de quem amamos, mas agora reconheço a importância de buscar autonomia e equilíbrio na identidade. Mesmo distantes, os conflitos familiares nos influenciam, e compreender essas conexões é essencial para enfrentar a vida com determinação. Agora é minha vez de conduzir minha própria jornada rumo à identidade.

Durante minha trajetória terapêutica, com base nas Leis Biológicas, percebi a inteligência do corpo. Emoções não compreendidas afetam a mente, o cérebro e os órgãos. Traumas não resolvidos resultam em sentimentos reprimidos. É necessário entender os conflitos por trás das dificuldades. A falta de domínio sobre nós mesmos impacta diretamente nossa identidade.

Primeiro, devemos entender o que é percepção. De acordo com Rafael Livramento, cada pessoa tem seu nível de consciência e sua forma de perceber as situações vividas (Livramento, 2022). A resposta biológica ocorre instantaneamente e fora da vontade do indivíduo. Cada um tem sua própria percepção diante dos conflitos, especialmente quando surpreendido pela intensidade da percepção, que serve como lente para enxergarmos nossa realidade.

Eleanor Madruga Luzes, em sua tese de doutorado *A necessidade de ensino da ciência do início da vida* (2007), discorre sobre a necessidade de uma concepção mais consciente. Ela conclui que: "[...] uma nova sociedade de seres gerados com consciência amorosa povoará a Terra" (Luzes, 2007, p. 1.373).

Vou compartilhar minha própria história de desafios, sob a perspectiva das Leis Biológicas, para explicar como ela auxilia na compreensão de um parto a fórceps, abordando o impacto da primeira saída do bebê para a vida exterior.

Minha história

Nasci prematura de seis meses, de parto fórceps, pois minha mãe desmaiou durante o parto. Pesando 1,090 kg, precisei ficar internada por 19 dias para ganhar peso. Minha mãe não pôde ficar comigo no hospital, então fui amamentada por outra mãe internada, cujo bebê havia falecido devido a complicações. Minha chegada ao mundo reflete uma história de mulheres que enfrentaram dificuldades uterinas, gestações complicadas e perda de filhos.

Há dez anos, ao olhar para minha história familiar, compreendi, pelas lentes das Leis Biológicas, que as orações de minha mãe pedindo apenas um casal de filhos faziam sentido, dadas as complicações familiares recorrentes. No útero, vivemos nossa primeira jornada para sobreviver. Um parto complicado, seguido de separação e falta de amamentação materna, pode gerar sensações de solidão, carência e medo constante. Biologicamente, faz sentido, pois, quando criança, eu sentia a proximidade da morte em várias situações, refletindo uma necessidade constante de proximidade.

Então, o que mais pode ser entendido dessa primeira experiência de vida? Letícia Kuchockowolec Baccin, em seu livro *Projeto sentido gestacional*, afirma que:

> [...] parir é a viagem mais curta, mais intensa e, talvez, a mais perigosa de nossa existência. As marcas registradas nesse momento deixam marcas indeléveis tanto na mãe quanto no bebê. Esse momento, que deveria ser mágico, deixa bebês e mamães feridos na hora do parto (Baccin, 2022, p. 274-275 e 290)

Segundo Baccin, é comum que quem nasceu com o auxílio de fórceps tenda a enxaquecas, devido à marca corporal associada a um biochoque do fórceps apertando a cabeça.

Entender a concepção e a vida intrauterina me ajudou a liberar minhas angústias e limitações. Cada pessoa tem uma percepção única, e respeitar essa singularidade foi fundamental para mim. Pude reconhecer a complexidade de minhas histórias individuais e, somente quando reconheci meus limites, pude avançar.

A história de A.

Em 20 de março de 1997, nasceram gêmeos idênticos de parto cesárea, com oito meses e duas semanas de gestação. A mãe, já com quatro filhos, escolheu a cesariana, e durante o procedimento, fez laqueadura. Uma surpresa: A. nasceu com má-formação congênita na perna direita. Com um ano e dois meses, foi submetida à primeira cirurgia de amputação para ter uma vida mais ativa e adaptada. Seu irmão gêmeo, no entanto, nasceu sem complicações.

Os impactos do nascimento de A., como a reação dos pais e a adaptação dos gêmeos, repercutiram em queixas e na procura por atendimento terapêutico. Tais queixas envolviam crises de ansiedade acompanhadas por pensamentos intrusivos, descontrole emocional, taquicardia, sudorese fria, falta de ar, medo da morte, sensação de impotência e solidão. Essas crises, biologicamente relacionadas ao medo, frequentemente estão associadas a histórias familiares.

Bernadette B. F. Lopes, pedagoga, discorre em seu livro *Nova abordagem terapêutica* (2021, p. 146) sobre o Projeto Sentido, descoberto por Marc Fréchet. Lopes relata que os momentos vividos pelos pais durante a gestação são transmitidos ao embrião, e podem se tornar um conjunto de fenômenos ou situações que se repetem ao longo da vida, de forma ordenada e repetitiva. Tanto a natureza como o ser humano obedecem a ciclos e são governados por períodos. Como saber se estamos no caminho correto da vida, se nosso livre-arbítrio pode ser limitado por crenças familiares herdadas? A frase "por quem eu tanto fiz, hoje eu sou um tanto faz", dita pelo pai de A., reflete uma lamentação sobre segredos familiares ou decisões difíceis, como a mudança de estado do avô que resultou em um acidente. Tudo isso influencia diretamente nas crises de A. e na busca por sua identidade, mas também ajuda a entender os desafios e superar essas limitações.

Como mencionado, esses princípios são a base que integra várias técnicas e clareia o caminho de forma leve e coesa. A má-formação congênita na perna direita, relacionada à fíbula, está ligada ao tecido da mesoderme nova, que corresponde aos conflitos de desvalorização extrema e impotência, especialmente graves quando os ossos são afetados. Esses conflitos envolvem sensação de vazio e ausência, relacionados ao caminhar e à noção de deslocamento e direção na vida, proporcionando sentido, movimento e exploração do mundo. Isso se alinha perfeitamente com a história de A.

Entender nosso potencial nos permite transformar nossa realidade. Os sintomas são apenas parte da história, indicando onde estamos, se girando em círculos ou estagnados. O cérebro toma decisões com base no presente: se temos os recursos necessários, avançamos; caso contrário, ficamos em conflitos. Persistir e tentar repetidamente gera mudanças consistentes que se consolidam ao longo do tempo. Isso ressalta a importância de nos conhecermos profundamente para superar desafios e trilhar um caminho transformador.

O meu relato e o de A. nos fazem refletir sobre o valor do autoconhecimento e da descoberta das nossas próprias verdades. E, quando nos depararmos com obstáculos, saberemos que precisamos aprender a identificá-los e enfrentá-los com respeito e amor.

As Leis Biológicas me ajudaram a relembrar minhas raízes e a entender que o adoecer é uma oportunidade de aprendizado e reparação. Com essa compreensão, posso ajudar outros a entenderem a origem dos seus sintomas biologicamente, buscando autoconhecimento e autonomia, transformando dificuldades em oportunidades e alcançando a verdadeira identidade. Gratidão ao Rafael Livramento, meu mentor.

Meu objetivo é convidar você, leitor, a descobrir que existe um código para a existência, capaz de desvendar a origem dos sintomas sob a perspectiva das Leis Biológicas. Este código é uma chave poderosa, que abre portas para um novo entendimento. Ao permitir que esse conhecimento transforme sua visão, ele pode se integrar à sua jornada, trazendo clareza, propósito e oportunidades de superação.

Desejo que este capítulo possa ajudá-lo a jamais desistir de si mesmo. Dentro de você existem recursos necessários e inteligentes para conduzi-lo rumo à sua verdadeira identidade.

Agradeço e espero que tenha se sentido inspirado por mim através deste capítulo. Afinal, a maior realização da vida é ser você mesmo. Hoje, acredito profundamente nisso.

BIBLIOGRAFIA

BACCIN, L. *Projeto sentido gestacional*: Psiconegealogia viva. Florianópolis: Torres, 2022.

BÍBLIA SAGRADA. Bíblia Online YouVersion (NVI). Disponível em: https://www.bible.com/. Acesso em: 24 abr. 2025.

LIVRAMENTO, R. Curso “Noções da Existência I”, 2022.

LIVRAMENTO, R. Curso “Noções da Existência II”, 2024.

LUZES, E. *A necessidade de ensino da ciência do início da vida*. 2007. 1.558 p. Tese (Doutorado em Psicologia) — Instituto de Psicologia, Centro de Filosofia e Ciências Humanas, Universidade Federal do Rio de Janeiro, Rio de Janeiro, 2007.

LOPES, B. *Nova abordagem terapêutica*: nova medicina germânica, biodécodage prática, projeto sentido, ciclos biológicos celulares memorizados e transgeracional. Rolândia: Instituto e Editora Cintia Chiarelli, 2021.

“Compreender
a grandiosidade
de nossa história
ilumina o caminho
para a verdadeira
identidade,
inspirando e
guiando as
futuras gerações.”

Sandra Ranieri

Tatiana Antonieto

Sou Tatiana Antonieto, farmacêutica, natural de Votuporanga/SP, filha de Célia e Antonio, irmã de Kelly e Franciele e mãe de Carolina e Pedro.

Há dez anos me dedico à formação em terapias integrativas. Apaixonada por aprender e aprimorar ferramentas terapêuticas, especializei-me em fitoterapia, homeopatia, acupuntura, medicina do estilo de vida e biofísica aplicada à saúde, além de contar com formação em Leis Biológicas, Barras de Access, Thetahealing, Reiki, yoga, fotobiomodulação e psicogenealogia. Integrei esses conhecimentos na criação da Farmácia do Futuro, um método de análise e tratamento que abrange o ser humano em suas múltiplas dimensões. Meu propósito é disseminar esse conceito e transformar vidas.

tatianaantonieto
+55 (17) 99779-2131
tatiana.antoneito@terra.com.br

28 BIOCOMUNICAÇÃO: O CÓDIGO DA REGENERAÇÃO CELULAR

Por Tatiana Antonieto

A origem de uma busca

O início de minha trajetória ocorreu quando minha família recebeu o diagnóstico de minha avó Alvorina, acometida por um câncer raro e agressivo, com prognóstico de menos de dois anos de vida. Questionei-me como uma pessoa que mantinha hábitos saudáveis — alimentação natural, atividade física regular, ausência de vícios — poderia desenvolver tal enfermidade. Sem obter respostas satisfatórias, após seu falecimento, decidi buscar esclarecimentos por conta própria.

Em determinado momento, tomei conhecimento de que nossos sintomas e enfermidades têm uma origem biológica diretamente relacionada à nossa percepção das experiências vivenciadas. Essa revelação foi esclarecedora. Compreender que existe uma razão fundamentada para nossas enfermidades e um sentido biológico subjacente a cada sintoma proporcionou-me grande satisfação. Minha busca por explicações estava sendo atendida.

Sou eternamente grata ao dr. Rike Geerd Hamer por compartilhar este conhecimento com o mundo, assim como a todos os mestres que contribuíram para minha formação.

Integrando conhecimentos

O desafio que se apresentava era integrar este conhecimento com aqueles que já possuía, de modo a desenvolver um mecanismo replicável para restaurar a harmonia e o estado de saúde do organismo, respeitando seu momento atual. De acordo com as Leis Biológicas, amplamente expostas pelo professor Rafael Livramento (2024), após sofrer um impacto (um "choque conflitual brutal, uma experiência traumática, inesperada, vivenciada em isolamento total e sem participação da consciência"), o organismo manifesta uma resposta em três níveis distintos (cérebro, corpo e psique), os quais sofrem alterações (que são confundidas com doenças e sintomas). Após a resolução do conflito, ocorre a reparação local e o retorno à normotonia. Embora tenhamos conhecimento sobre as temáticas relacionadas e outras especificidades, por vezes surgem complicações que tornam o processo desafiador. Para essas situações, desejava incorporar as demais ferramentas com as quais já trabalhava.

Os fundamentos da biocomunicação

Ao investigar mais profundamente essa dinâmica, compreendi que cada célula possui uma frequência específica em seu estado natural, que se altera quando precisa se adaptar a novas demandas impostas pelo ambiente. Como toda frequência atrai outras frequências similares, diversas substâncias, inclusive toxinas ambientais, podem ser atraídas e acumuladas na região afetada, congestionando-a, criando verdadeiros campos interferentes que dificultam seu funcionamento adequado.

A célula recebe influências ambientais de múltiplas formas: forma-pensamentos, produtos químicos, percepções vivenciadas — a totalidade das nossas experiências alcança a unidade celular e modifica profundamente seu comportamento. As pesquisas do dr. Masaru Emoto sobre a memória da água oferecem uma metáfora visual poderosa para esse fenômeno; ele documentou diversas transformações sofridas por ela ao receber estímulos ambientais, visualizadas ao microscópio após seu congelamento e observação dos cristais formados (Emoto, 2021). Este trabalho notável ampliou a compreensão sobre como o ambiente pode influenciar nossas células. Se a água reage visivelmente a estímulos externos, o que dizer do corpo humano, que é composto por mais de 70% deste elemento essencial?

Além de purificar a matriz extracelular (o meio que nutre a célula), comunicar a frequência saudável a essa célula — o que denomino biocomunicação — apresentou-se como uma estratégia promissora.

A ciência por trás da biocomunicação

A base científica para a biocomunicação encontra respaldo em diversas fontes contemporâneas. Bruce Lipton demonstrou que mesmo após a destruição do DNA celular por raios gama, as células mantinham sua eficiência operacional, "apresentando algum tipo de controle inteligente apesar da ausência de genes" (Lipton, 2007). Essa descoberta desafia o paradigma genético determinista e evidencia que o ambiente molda as células e define as respostas orgânicas.

Segundo o dr. Massimo Citro, na obra *O código básico do universo*, todos os elementos naturais possuem um código fundamental que contém informações como características físicas, comportamentais e suas possíveis interações. O campo informacional correspondente ao código base pode ser registrado e transferido mediante um processo denominado Transferência Farmacológica Frequencial (TFF). Essa informação pode ser gravada em meio líquido, como a água, entre outros, capazes de produzir conformações em suas moléculas e, assim, estimular as células. Trata-se de instruir a célula sobre seu funcionamento ou comportamento, promovendo uma modulação frequencial. Esta é a essência da bioinformação: a emissão de biossinais.

> Trata-se de um modo revolucionário de obter os benefícios de substâncias e medicamentos na forma "pura", na qual a informação que define suas propriedades é transmitida sem a transferência de qualquer molécula. Os componentes básicos do Universo são antes a informação e a energia do que a matéria no tempo e espaço. A informação é o "software" que governa o "hardware" da massa/energia. (Citro, 2014, p. 10)

Nosso organismo responde primariamente a estímulos biofísicos, organizando posteriormente sua bioquímica. O dr. Richard Gerber (2007) reforça esse conceito ao discorrer sobre a medicina vibracional, referindo-se a uma nova categoria de profissional que busca compreender o funcionamento humano. Reconhecendo que a matéria é uma forma de energia, trata os seres humanos como entidades energéticas, revolucionando a concepção sobre as causas das doenças e futuros métodos terapêuticos.

> Para sermos verdadeiramente saudáveis — para conquistar uma saúde duradoura — precisamos corrigir distorções e bloqueios na intricada estrutura de energia que é o corpo bioenergético humano (sistema inteligente autogerido e auto-organizado que controla o fluxo de informações no corpo, que são cruciais para os processos genéticos, químicos e fisiológicos). A causa fundamental da doença está no nível da energia e da informação no corpo. (Fraser; Massey, 2014, p. 14)

Para ilustrar a eficácia da biocomunicação, apresento o caso de uma paciente que atendi. Com queixas múltiplas, desde constipação intestinal até problemas relacionais e depressão, após o acompanhamento terapêutico, relatou normalização do peristaltismo intestinal, clareamento de manchas nas mãos (surpreendentemente), bem-estar físico e emocional, melhora no relacionamento amoroso problemático e, inclusive, conclusão da construção de sua residência, que permanecia inacabada há sete anos. Este é o potencial de uma comunicação integrativa. A vida não muda, mas tudo muda na vida.

A Farmácia do Futuro: uma nova abordagem

Integrando estes conhecimentos, desenvolvi o conceito inovador de Farmácia do Futuro, fundamentado na biocomunicação. O método consiste em transmitir biossinais específicos para que as células possam retornar harmoniosamente ao seu estado saudável original, atuando não apenas na purificação da matriz extracelular (o meio essencial que nutre a célula), mas também em sua reorganização frequencial e na regeneração celular, por meio de emissores de biossinais, como os chamados remédios vibracionais, que contêm frequências diversificadas adaptadas às necessidades individuais. A informação de saúde tem que ser 80% maior que a da doença e, para alcançar resultados efetivos e duradouros, esse processo deve ser complementado pela conscientização profunda dos impactos emocionais vivenciados, e fortalecido pela adoção de mudanças consistentes no estilo de vida. Práticas como a meditação, atividade física, respiração, bons relacionamentos e sono reparador são fundamentais.

Como profetizou minha professora Josie Kromer, em uma conversa: você é farmacêutica, pode levar a farmácia para onde desejar. Assim, pretendo difundir o conceito da farmácia frequencial para o maior número de pessoas possível.

Uma nova era na medicina

Adentramos assim na era revolucionária da biocomunicação, que revela nossa essência mais profunda, como organizamos nossas respostas adaptativas ao meio e como podemos proceder eficazmente para recuperar nosso estado pleno de saúde. Tão importante quanto adquirir conhecimento é sua aplicação prática na vida cotidiana, alcançando resultados somente quando acessamos nossa melhor versão pessoal e profissional.

Descubra sua melhor versão: onde o saber se alia à ação para guiar a transformação que você almeja. Dê seu salto quântico! Essa máxima sintetiza plenamente a proposta inovadora da Farmácia do Futuro: não apenas tratar sintomas isolados, mas apoiar cada indivíduo em sua jornada pessoal rumo à plenitude e ao bem-estar integral.

Minha avó Alvorina, cuja jornada final inspirou esta investigação, permanece viva em meu coração, impulsionando-me diariamente a buscar mais respostas e oferecer mais possibilidades de cura autêntica. Sua frequência ressoa eternamente em minha contínua busca pela melhor versão de mim mesma.

Talvez estejamos no limiar de um momento histórico. A biocomunicação não é apenas uma técnica terapêutica, mas um novo paradigma que reconhece e honra a inteligência inata do corpo e sua capacidade de autocura. “A medicina do futuro será a medicina das frequências” (Albert Einstein).

BIBLIOGRAFIA

CITRO, M. *O código básico do universo*: a ciência dos mundos invisíveis na física, na medicina e na espiritualidade. São Paulo: Cultrix, 2014.

EMOTO, M. *As mensagens da água*. São Paulo: Isis, 2021.

FRASER, P.; MASSEY, H. *Decodificando o corpo bioenergético*: a base da ciência médica no futuro. São Paulo: Cultrix, 2010.

GERBER, R. *Medicina vibracional*: uma medicina para o futuro. São Paulo: Cultrix, 2007.

LIPTON, B. *A biologia da crença*. São Paulo: Butterfly, 2007.

LIVRAMENTO, R. Curso “Noções da existência”, 2024.

"Descubra a sua
melhor versão:
na qual o saber
se alia à ação
para guiar a
transformação
que você almeja.
Dê seu
salto quântico."

Tatiana Antonieto

Tatiani Tozetti

Eu me chamo Tatiani, nasci em Monte Alto/SP e sou mãe de *pet*: Cristal.

Há 17 anos, mudei-me para Resende/RJ e aqui segui minha carreira. Atuei na área de Recursos Humanos de grandes multinacionais por 18 anos. Sou graduada em Direito e em Gestão de RH, e pós-graduada em Gestão de Negócios. Mas, foi no RH que encontrei meu propósito: ajudar profissionais a desenvolverem carreiras com significado.

Há oito anos, decidi empreender e fundei a Tatiani Tozetti Desenvolvimento Humano (TTDH). Atualmente, presto serviço para diversas empresas, principalmente no sul do Rio de Janeiro, e outras no eixo Rio-São Paulo.

Acumulo mais de 5 mil clientes atendidos individualmente e mais de 15 mil horas de treinamento. A formação em Leis Biológicas contribuiu para os bons resultados nessas estatísticas.

tatianitozetti
Tatiani Tozetti
tatiani@ttozetti.com

29 DESTRAVE SUA CARREIRA POR MEIO DA SUA HISTÓRIA

Por Tatiani Tozetti

O poder da sua história pessoal

Cada um de nós carrega uma bagagem única de experiências, desafios e momentos que moldam quem somos. Nossa história não é apenas um registro do que aconteceu, mas também uma bússola que direciona escolhas, comportamentos e percepções sobre o mundo.

Você já se perguntou por que algumas pessoas prosperam em suas carreiras e outras, por mais que queiram, não conseguem evoluir? Mesmo com toda minha experiência e muitas formações em análise comportamental, neurociência, neurolinguística, psicologia positiva e muitos outros, deparei-me com esse questionamento depois de dois anos de consultorias individuais. Foi nesse momento que conheci as Leis Biológicas e entendi, através desta metodologia, que o que travava a vida profissional dos meus clientes eram seus traumas do passado. Que, quando não tratados ou resolvidos, tornavam-se crenças limitantes e os paralisavam.

Mas, como resolver algo do passado? Ressignificando. Direcionando essas pessoas para que elas transformassem o peso de corrente em degrau para o crescimento.

Ressignificar traumas não significa ignorá-los ou fingir que nunca aconteceram. Trata-se de reconhecer sua existência, extrair aprendizados e utilizá-los como impulso para a evolução. Ao assumir o controle da nossa narrativa pessoal, podemos não apenas destravar nossa carreira, mas também construir um caminho profissional alinhado com nossos valores. Afinal, quem se dispõe a superar desafios se torna mais forte, resiliente e preparado para enfrentar o mundo.

Traumas como incentivo de mudança

Conforme fui evoluindo nessa jornada, decidi fazer o treinamento em Leis Biológicas. E fui entendendo que, mesmo de maneira inconsciente, meus clientes com bloqueios em suas jornadas profissionais estavam, na verdade, adoecidos. Isso pode vir lá da infância, com aquelas perguntas inocentes como "o que você vai ser quando crescer?". Da pressão do vestibular, na fase da adolescência. Ou ainda do impacto no mundo adulto com o primeiro emprego. Cada um sabe onde e quando passou por algum momento marcante, que deixou uma ferida aberta. O meu papel ali, naquele contexto, era identificar e ajudar na reinterpretação dessas experiências.

Transformar cicatrizes em medalhas significa olhar para o passado com uma nova perspectiva, enxergando cada desafio como um aprendizado essencial para o futuro. O que antes parecia um obstáculo pode, na verdade, ser o diferencial que impulsionará sua carreira para um novo patamar.

Força e potência: um novo destino para o trauma

Certa vez, recebi uma cliente que, ao ser promovida ao tão sonhado papel de liderança, começou a desenvolver medos como "não vou dar conta" e "profissionais mais jovens vão tomar o meu lugar". A preocupação era tão grande que, mesmo com uma equipe de 25 pessoas, ela centralizava a maioria das atividades.

A sobrecarga começou a aparecer quando a saúde e a qualidade de vida dela foram afetadas. Crises de enxaqueca, ganho de peso, ansiedade, invalidação de suas competências por ela mesma e, por fim, um *burnout*.

Onde foi que ela aprendeu a ter esse território tão bem delimitado a ponto de não deixar ninguém acessar? A resposta estava na figura paterna. Um homem de uma geração tradicionalista, dono de um empreendimento na área rural. Um ambiente totalmente demarcado, com cercas e divisão de terrenos. "Domine o seu espaço", "Cuidado para ninguém tirar ou invadir o seu lugar", "O olho do dono que engorda o gado" – essas foram algumas das afirmações que ela cresceu ouvindo, e, mesmo que não tivesse consciência, transformaram-se em crenças; em conflito de território. Sem falar em toda parte financeira com o pânico de perder as condições e benefícios que o novo cargo proporcionava.

Voltamos ainda mais no passado e descobrimos que o pai dela passou por uma crise financeira muito grande. Ele perdeu dinheiro porque foi traído por funcionários e demorou muito tempo para se recuperar financeiramente.

Ao trazer tudo isso para a realidade que aquela mulher estava vivendo, as atitudes iam ao encontro do que o cérebro dela registrou sobre a importância de demarcar o território e ter abundância financeira.

Ao longo das nossas sessões, fomos ressignificando e olhando essa história de outra forma para que ela saísse de uma liderança reativa para uma liderança proativa. Depois de um ano juntas, respeitando e honrando a história do pai, ela conseguiu adotar a sua própria estratégia de vida: apropriou-se de sua força e potência, e tornou-se um dos exemplos de liderança dentro da empresa.

Em outro caso, um especialista técnico, muito reconhecido, chegou até mim querendo pedir demissão. Um ótimo funcionário, que sentia orgulho da empresa onde atuava, com um excelente salário e benefícios. O motivo? Uma equipe viria de outro país, para trabalhar junto dele em um importante projeto, e ele não se sentia confortável. Em sua mente aquilo soava como "pessoas invadindo o meu espaço". Ele já estava perdendo o sono, a fome, acumulando preocupações, cansado e desmotivado.

Ao investigarmos sua história, identificamos que a perda de espaço de que ele se lembrava ao longo da sua vida até ali, estava ligada ao nascimento da irmã. Quando ele relatou que perdeu tudo: pai, mãe, os avós. Sem contar as pessoas que iam visitar e só levavam presente para a bebê. Ele, com 3 ou 4 anos, sentia-se infeliz, excluído, abandonado, impotente, desprotegido e sem lugar, uma vez que até o seu quarto foi dividido ao meio: metade rosa e metade azul.

Ao relatar tudo isso eu questionei qual relação ele fazia com o que estava acontecendo em seu momento atual de vida. Ele desabou em lágrimas lembrando de toda dor que sentiu na sua infância.

Com a cabeça de adulto, ele conseguia olhar para o passado e entender que aquela era uma situação normal, que a maioria das famílias vive. Na época ele superou todas as sensações ruins à medida que a mãe foi se recuperando do puerpério e começou a incluí-lo nos cuidados com a irmã. E, claro, o amor genuíno floresceu.

Ao voltar ao passado e fazer a relação com o momento atual que estava vivendo no trabalho, ele entendeu que, junto com as pessoas que estavam vindo para o projeto coletivo, todos se transformariam em uma equipe. Trabalhando com um único objetivo que era o crescimento da empresa de maneira saudável. Assim como aconteceu quando ele começou a se aproximar de sua irmã. Sem perda de lugar, espaço, autoridade, domínio ou território. Ele entendeu que não era mais aquela criança que não sabia desenvolver uma estratégia e podia se unir à nova "família profissional".

No momento em que isso foi quebrado, conseguimos evoluir no processo de *coaching*, para potencializar performance, estratégias e ferramentas. E, claro: ele desistiu de pedir demissão. Esse foi um dos primeiros clientes que eu atendi, com o olhar das Leis Biológicas, e foi inesquecível.

Em uma outra oportunidade, atendi um engenheiro que executava jornada dupla: durante o dia em uma multinacional e à noite em um restaurante. E eu não entendia aquela relação, até o dia que ele me contou que o pai fazia o mesmo. De dia trabalhava em uma grande instituição financeira e, como ele tinha medo de perder o emprego, à noite era taxista. A renda do trabalho extra ele acumulava como reserva.

Eu fui conduzindo esse profissional, que já estava exausto, estressado, ansioso, engordando e a ponto de desenvolver uma doença psicossomática, para que ele enxergasse que estava repetindo a estratégia do pai: trabalhando exaustivamente pensando na vida financeira para família, mas perdendo o precioso tempo de presença.

Quando ele voltou ao passado, lembrou da sensação de viver isso como filho, conectou-se com o momento atual de sua vida e desabou a chorar. Ele finalmente percebeu que, por mais nobre que tivesse sido a intenção do pai, ele não precisaria repetir o padrão. Entendeu que poderia evoluir como profissional dentro da própria empresa e superar as economias financeiras trabalhando em um único lugar.

Lembro de, no dia seguinte a essa sessão, ele me mandar uma mensagem dizendo que eu havia tirado uma venda de seus olhos. Que ele não estava conseguindo enxergar nada daquilo, que estava tudo em preto e branco. E, que naquele dia ele iria brincar de lápis de cor com a filha porque ele havia voltado a ver tudo colorido.

Sai a armadura do homem de ferro, entra a do homem vulnerável

O profissional mais forte não é aquele que vai para o embate, para os conflitos ou que foca apenas na entrega de resultados. Mas, sim, aquele que é vulnerável para desenvolver o que está impedindo sua evolução. Aquele que tem coragem de olhar para dentro e ressignificar o que for necessário.

É esse o perfil que as empresas buscam hoje. Não mais o homem de ferro. Mas o homem aberto para o desenvolvimento. Aquele que aceita ajuda e ferramentas de transformação para ser cada vez mais um profissional melhor. É aí que mora a sua promoção e o seu reconhecimento.

A história é sua, e ninguém mais pode mudá-la. Cabe a você decidir como usá-la: como um peso que o(a) prende ao passado, como uma virada de chave para o presente ou como um trampolim para o futuro.

"É na
vulnerabilidade
da busca pelo
autoconhecimento
que carreiras são
construídas com
felicidade
e propósito."

Tatiani Tozetti

Teresa Cristina Campos Salles

Sou Teresa Cristina de Campos Salles, formada em Administração. Atuo como consultora, facilitadora, coach e terapeuta.

Trabalhei em grandes organizações e desde 2007 respondo pela TECS Consultoria.

Sou especialista em Desenvolvimento Humano, Gestão por Competência, com MBA em Liderança, formação em Eneagrama, Constelação e Pensamento Sistêmico, Experiência Somática e Leis Biológicas.

Realizo programas de treinamento comportamental e atendo individualmente ou em grupo, dentro e fora das empresas, sempre ajudando a iluminar caminhos para uma vida mais leve e cheia de realizações.

teresacsalles

+55 (11) 99134-0653

Teresa Cristina de Campos Salles

teresa.salles@tecsconsultoria.com.br

www.tecsconsultoria.com.br

Códigos da EXISTÊNCIA

30 OS IMPASSES NAS RELAÇÕES PROFISSIONAIS

Por Teresa Cristina Campos Salles

Há tempos tenho refletido sobre as relações profissionais no ambiente de trabalho e no quanto elas impactam as nossas vidas. Por que nos damos tão bem com determinado gestor e com outro sentimos raiva, não nos posicionamos ou simplesmente não conseguimos relaxar? Por que é tão bom trabalhar com determinado colega e com outros não podemos nem passar perto?

Nas relações, de maneira geral, já existe certa expectativa, muitas vezes oculta, de ambos os lados, que precisa ser esclarecida ou, pelo menos, compreendida. Por exemplo, a mãe que espera que seu filho seja estudioso para compensar o sacrifício que fez por seus estudos. O filho, por sua vez adoraria, que sua mãe compreendesse que ele não quer ser advogado como o pai, mas continua a faculdade mesmo a contragosto para agradar a mãe. E assim por diante.

Nas relações profissionais, isso se intensifica muito, fazendo com que as pessoas sejam ainda mais reativas, menos pacientes e nem sempre empáticas. Nesse contexto, as Leis Biológicas podem ser uma interessante abordagem para conhecimento e busca de decodificação desses impasses. Gestores, subordinados, pares, colegas de outras áreas, clientes, fornecedores. Existem inúmeras relações nas organizações que poderiam ser exploradas e bem compreendidas.

Há 40 anos assisto, observo e vivo essas relações. Em toda a minha carreira, fui acumulando ferramentas e colocando-as em prática no meu trabalho como consultora, facilitadora e/ou terapeuta, com o objetivo de ajudar meus clientes nesta compreensão.

Os impasses parecem ser sempre os mesmos e costumamos escutar frases como: "Meu gestor não gosta de mim, ele me persegue", "Não consigo argumentar com meu gestor(a)", "Não gosto quando minha gestora é uma mulher", "Há muita competição nessa empresa", "Tem sempre alguém querendo puxar meu tapete", "Eles não percebem que eu sou melhor do que eles", "Será que ele sabe quão difícil é o meu trabalho?", "Nossa! Será que ele sabe que eu existo?".

E por que é mais fácil com um do que com outro? Alguns padrões são facilmente observáveis. Por exemplo, nós humanos, somos rápidos em entrar no "modo sobrevivência", o que fazemos desde sempre para nos proteger daquilo que temos medo. Cada um a seu modo, a depender de seus próprios medos. E começa muito cedo, a partir do que vivemos quando crianças ou mesmo em nossa gestação, com o que nossos pais viveram.

Em outras palavras, é como se o cérebro fotografasse momentos de susto, pânico, medo etc. Assim, sempre que houver algo que nos faça lembrar daquela "fotografia", automaticamente repetiremos o comportamento/emoção que ficou congelado(a).

O evento "causador" do congelamento vai depender da percepção de cada um. Por exemplo, dois irmãos que vivem a mesma história com um pai autoritário e que costuma gritar na hora do jantar, poderão ser impactados de formas diferentes. Um pode entrar no "modo de sobrevivência", congelando. E toda vez que ouvir algum grito, imediatamente ele pode voltar a essa condição. Portanto, se tiver um gestor que grita, pode se manter sempre paralisado. O outro irmão que percebeu de forma diferente o acontecido, pode, como dizem por aí, "passar batido" e não ter problema com seus superiores.

As histórias não precisam ser somente negativas. As aparentemente positivas também podem ter consequências complicadas. O filho que sempre foi demasiadamente elogiado, pode acreditar que tudo o que ouviu sobre ele é verdade e adotar comportamentos de superioridade na vida adulta, inclusive no trabalho, entendendo que pode mandar em todo mundo porque assume ser mais competente ou saber mais do que os outros.

Para a abordagem das Leis Biológicas, tudo inicia com a apresentação daquilo que o cliente acredita ser a causa de seus problemas, por meio de frases como: "Há muita competição nessa empresa" ou "Não consigo argumentar com meu gestor", e assim por diante. Uma vez esclarecida a reclamação do cliente ou revelado o relacionamento que o incomoda, podemos pedir que ele exemplifique o que está dizendo e nos conte que eventos aconteceram que o levaram àquela percepção. É importante dar muita atenção ao que ele relata, pois sua fala pode conter elementos essenciais que nos darão direção para as próximas perguntas. Nosso objetivo é justamente entender que histórias estão por trás daquela percepção.

Na sequência, precisamos saber o que aconteceu na vida do cliente e, principalmente, qual a percepção dele sobre os acontecimentos. Ao contar a história, ele nos dá inúmeras dicas de possíveis conflitos que estão ali estabelecidos e ocultos pelo "modo de sobrevivência", que, por ser automático, não permite que ele enxergue a realidade. Elucidar o que está por trás da fala é o que nos fará entender o que verdadeiramente ele quer nos dizer.

Essas dicas nos levam a caminhos de busca das causas desses conflitos. Com isso, ajudamos o cliente a correlacionar o que ele contou de sua história e sua queixa atual, mostrando, na maioria dos casos, que ele está apenas repetindo padrões aprendidos e congelados em seu modo de sobrevivência, e fazendo-o perceber que aquele comportamento não se justifica mais, que aquilo tem a ver apenas com a história inicial e não com o que ele está vivendo agora. Como se fosse possível despertá-lo daquele estado de automatismo inconsciente e fazê-lo entender que agora ele está em um outro momento, convidando-o a refletir sobre outras formas de agir para aquela situação e, consequentemente, experimentá-las para reeducar seu cérebro e suas percepções.

Os conflitos que mais aparecem nas relações profissionais nas organizações são **território** e **identidade**. Estamos sempre querendo entender e mostrar ao mundo quem somos e, ao mesmo tempo, encontrar e tomar nosso lugar. E sim, são dois aspectos diretamente relacionados ao ambiente de trabalho. Temos que nos validar o tempo todo, e fazemos isso através das nossas relações. Se elas não vão bem, nós também não estaremos bem.

Outros conflitos comuns:

- **Mitomania** (tendência a mentiras): para encontrar meu espaço, começo a inventar pequenas mentiras: "Eu já terminei o trabalho, falta só revisar" ou "Eu já mandei e-mail para o outro departamento, estou aguardando resposta", sendo que não fiz nem uma coisa, nem outra. E a mentira continua: "Ah! Você não recebeu? Bem que me falaram que meu endereço de e-mail está com problemas". Mentirinhas que vão se somando e que a pessoa pensa que os outros não sabem, mas são atitudes que, no final, depõem contra elas mesmas.

- **Hierarquização** (quando não encontro meu lugar e me acho injustiçado). Há dois comportamentos comuns aqui: o que se irrita facilmente e passa para agressões verbais e o que não consegue colocar limites e fica preso, submetendo-se àquela relação com seu gestor ou mesmo com seus pares.
- **Megalomania** (aquele que acredita que é melhor que os outros): tudo para esconder seus medos e suas desvalorizações. É aquele que diz que é mais inteligente, esperto, competente que os outros; que diz ter as melhores equipes. São os mais bem-vestidos, com os melhores carros etc.

E isso é só o começo. Acredito, inclusive que, a depender da empresa, de sua cultura e de seus dirigentes, alguns conflitos apareçam mais do que outros. Como se o conflito de um fortalecesse o conflito do outro e dessa forma se tornasse quase parte da cultura.

Lembro da situação de um cliente cujo departamento era composto por mais mulheres do que homens. Havia ali um conflito velado de desvalorização de todo o departamento e essas mulheres mostravam essas desvalorizações através de suas bolsas. Era o maior desfile de bolsas: Prada, Louis Vitton, Coach, Channel etc.

Apresento outra situação real.

Homem canhoto, 48 anos, com muita dificuldade de relacionamento com sua gestora. Sua queixa: a gestora estava sempre o criticando. Não o trabalho em si, mas seu comportamento. Ela deixava claro que suspeitava de algumas de suas atitudes, fazendo perguntas de duplo sentido, e ele nunca conseguia se posicionar. Isso fazia com que ele se retraísse muito e esse comportamento de não se posicionar expandia para outros departamentos e para as relações até mesmo com subordinados. Os feedbacks com os subordinados acabavam sendo frágeis, porque ele não queria se indispor com ninguém.

Sua história: filho temporão, com duas irmãs mais velhas. Perdeu o pai aos quatro anos e foi criado de forma "superprotegida" (palavras dele) por essas três mulheres. Quando questionado sobre o que ele se lembrava do pai, disse que pouco lembrava da figura paterna, mas se lembrava de ficar muito tempo brincando sozinho em seu quarto após a morte dele. Via sua mãe e irmãs trabalhando e não queria interrompê-las para não atrapalhar. Fizemos juntos uma correlação com aquele momento de vida e os impasses com as relações profissionais. Sem muito esforço, ele mesmo percebeu que estava repetindo o padrão de comportamento.

Discutimos também sobre a expectativa que ele tinha com as mulheres. A mãe e irmãs sempre o "superprotegeram" (essa era a percepção dele). Quando adulto, encontrou uma gestora que o criticava. Esse era um comportamento que ele jamais esperaria de uma mulher. Disse a ele que agora não era mais necessário brincar sozinho no quarto para não dar trabalho. Como adulto, já podia se posicionar, pois não havia mais o risco de sobrevivência que ele sentia aos 4 anos de idade. Convidei-o a experimentar se posicionar, primeiro com quem ele sentia mais confiança, mas sempre de forma intencional, observando o próprio comportamento e suas consequências. Acompanhei-o em mais algumas sessões. Após alguns meses, ele foi até promovido, assumindo uma equipe maior.

Parece simples e é, mas simples não é necessariamente fácil. Para cada um, um movimento, uma história, uma percepção.

A arte de atuar com as Leis Biológicas é saber ouvir. Há um provérbio chinês que diz: "sabe ouvir aquele que escuta com os olhos, com os ouvidos e com o coração". É aí que está a diferença.

"Nossos padrões relacionais, muitas vezes invisíveis, moldam nossas interações. Reconhecê-los nos permite abrir caminho para a mudança."

Teresa Cristina Campos Salles

Thaís Mazzei Wechsler

Sou Thaís Taddei Mazzei Wechsler, nasci na cidade de Jundiaí/SP e sou a terceira filha dos melhores pais que o mundo poderia me dar: Cláudia e Marino. Sou casada há 15 anos com meu grande amor, Henri, e somos pais dos meninos mais incríveis do mundo: Rodrigo e Guilherme. Sou fisioterapeuta formada desde 2001, e atuei muito tempo com pilates, mas em 2019 fiz a formação de microfisioterapia e me apaixonei pela técnica. Comecei a observar que faltava alguma coisa para o meu trabalho, então me dediquei às Leis Biológicas e me formei em 2021.

Trabalho com microfisioterapia, Leis Biológicas e fotobiomodulação, e a maior parte dos pacientes que atendo são bebês e crianças. Por que será? Simplesmente porque eu amo trabalhar com esse público!

thaismazzeimicrofioterapia
+55 (11) 99405-0379
thaismicrofisio@gmail.com

Códigos da EXISTÊNCIA

31 DESFRALDE: DO CAOS AO SUCESSO SEM TRAUMAS

Por Thaís Mazzei Wechsler

Vou fazer um convite diferente: que tal mergulhar comigo no universo que envolve as dificuldades no desfralde? Emprestarei a você a lupa que utilizo para enxergar essa etapa da vida por outros ângulos, totalmente diferentes dos tradicionais e já conhecidos.

Venha comigo. Tenho certeza de que será incrível e surpreendente!

Quantas vezes já paramos para pensar em desfralde? Nunca? Uma vez? Duas vezes? A resposta vai depender do número de filhos que você tiver. Eu, particularmente, fui atentar a essa questão quando meu primeiro filho, Rodrigo, começou nesse processo. O mesmo ocorreu quando o segundo, Guilherme, também estava desfraldando.

O fato é que até hoje essa história de desfralde é muito presente em minha vida, pois atendo mensalmente muitas crianças com dificuldade de passar por esse processo. Mães extremamente preocupadas e esgotadas por — como elas dizem — já terem feito de tudo e recorrido a toda ajuda sem obterem resultado!

Por que será que para algumas crianças é tão fácil e natural trocar as fraldas pelo vaso sanitário e para outras, um bicho de sete cabeças?

Alguns médicos pediatras orientam os pais que a criança só terá maturidade nos esfíncteres quando conseguir subir escadas e pular tirando os dois pés do chão ao mesmo tempo. Será? Você acha que esse controle é apenas uma dificuldade física? Adianto que não. Já atendi crianças de 6 anos que não conseguem trocar a fralda pelo sanitário, mas pulam sem parar e sobem escadas até correndo. Então isso não é mais a verdade absoluta sobre controle e maturidade de esfíncteres.

A resposta para essa situação está na percepção. Isso mesmo, a percepção da criança e da mãe (na grande maioria das vezes) diante dos conflitos vividos principalmente na gestação.

Durante o período gestacional, tudo o que a mãe vive é percebido pelo bebê e cria-se uma memória gestacional. Se, por exemplo, a mãe teve uma perda gestacional antes, com certeza quando engravidar novamente passará pela gestação com um medo muito grande de perder esse bebê. Isso faz com que ela se conecte apenas ao medo, e não ao bebê. A percepção do filho será de não ter o seu lugar na família, não ser amado, ter um medo de morte imenso, de se separar da mãe, de não ser desejado pelos pais. Essa percepção pode se estender por um longo período e, quando essa criança passar pelo primeiro grande desafio (para a maioria é o desfralde), ela sentirá que não tem seu espaço, seu lugar na família.

Vamos começar olhando para os sintomas e órgãos envolvidos nessa temática.

A dificuldade de desfralde de urina envolve a bexiga e consequentemente o território. "Território? O que é isso?". Denominamos "território" tudo o que é seu. Para uma criança, território são os pais, irmãos, avós, amigos da escola, o quarto, um animal de estimação... tudo o que é dela! Mas vou fazer aqui um parêntese extremamente importante: precisamos levar em conta a lateralidade cortical para definir qual território está sendo ameaçado. Para as meninas destras e meninos canhotos o território seria o ninho (pai, mãe, irmãos, *pet*, a casa e tudo o que ocorre dentro dela). Já para as meninas canhotas e os meninos destros, o território mais importante seria o externo (os amigos da escola, os professores, os vizinhos, primos...). Quando falamos em meninas destras/canhotas, meninos destros/canhotos estamos observando a lateralidade cortical, ou seja, a forma como batem palmas. Não me aprofundarei nesse tema pois é extremamente extenso e fugirá um pouco do meu propósito.

Retomando, quando o bebê é gerado num ambiente de brigas, discussões, agressões e medo, o território dele está sendo ameaçado o tempo todo. Se após o nascimento esse ambiente nocivo permanece, o cérebro da criança entende que ela corre um risco de sobrevivência e de não pertencimento. A chance dessa criança desfraldar com naturalidade é mínima.

Vou exemplificar com um caso que atendi em meu consultório no ano de 2023. Uma mãe me procurou para eu auxiliá-la com sua filha de 5 anos, pois estava com dificuldade de desfralde urinário. A criança já evacuava no vaso sanitário corretamente, mas a todo momento urinava na roupa. A mãe estava tão cansada de a todo momento trocar a roupa molhada da filha que resolveu recolocar a fralda nela. Na avaliação, essa mãe relatou que ela e o marido discutiam muito durante a gestação e que ela trabalhava sem parar, não tendo tempo para curtir a filha ainda na barriga. Após o nascimento da filha, essa mãe não pôde se dedicar a ela como gostaria, pois precisou retornar ao trabalho pouco tempo após o nascimento. Aos 2 anos e 6 meses iniciou-se o desfralde, pois a criança já demonstrava certo incômodo com a fralda. Durante esse processo, os pais voltaram a discutir diariamente, e a filha passou a "fazer xixi na calça" o tempo todo.

Então, como avaliei esse caso?

A primeira questão foi descobrir a lateralidade cortical da criança: ela bateu palmas e observei que é uma menina destra corticalmente. Isso significa que o território dela (que seria o ninho) estava sendo ameaçado. Esse cenário de muitas brigas, agressões, já ameaçavam o território dela durante a gestação e novamente agora. Por isso, instintivamente ela precisava demarcar seu território, seu espaço, urinando o tempo todo.

Trabalhei com a criança temas como o seu lugar na família e a perda territorial, ou seja, do ninho, além dos conflitos dos pais durante a fase gestacional e após o nascimento. Também trabalhei com os pais o comportamento que estava gerando o ambiente nocivo.

Sabe qual foi o resultado de tudo isso? Uma semana após a sessão, a mãe me enviou mensagem dizendo que nunca mais a filha urinou na roupa! Após nossa consulta, passou a utilizar o vaso sanitário e abandonou de vez a fralda!

Agora, quanto à dificuldade do desfralde de fezes, é necessário olharmos para a identidade da criança. Nesse caso, o órgão impactado é o reto.

Pela etologia, um animal reconhece o outro pelo ânus. Portanto, a nossa identidade está diretamente ligada a essa região. Vou dar alguns exemplos dessa dificuldade de identidade: uma menina destra que é forçada a fazer aulas de luta; um menino destro que precisa ficar quieto e é impedido de correr, de se expressar; uma menina canhota que sempre escuta que "menina tem que brincar de boneca"; um menino canhoto que é colocado em esporte de competição e precisa sempre ser o primeiro, o melhor. Todos esses são exemplos de dificuldade de identidade, e isso vai sempre impactar o reto.

Ano passado, atendi um menino canhoto, de quase 7 anos, que só evacuava em casa. A mãe estava preocupadíssima, pois ele segurava tanto para não evacuar na escola que, quando conseguia, em casa e na fralda (onde ele dizia se sentir seguro), tinha muito medo e dor, pois as fezes já estavam endurecidas.

Na avaliação, a mãe disse que durante a gestação dele, o pai dela faleceu e ela entrou em um luto profundo, desconectando-se completamente de seu bebê. Após o nascimento, a mãe conseguiu superar o luto e se dedicou completamente ao filho. Quando o segundo filho nasceu, ela iniciou o desfralde do primeiro filho, que se sentiu "trocado" pelo irmãozinho. Durante esse processo, ele ficava muito com o pai, e era instigado o tempo todo a jogar futebol, fazer "competições" de chutes com o pai, brincar de luta... tudo o que ele não gosta. Mas como corticalmente ele é um menino canhoto, a maior dificuldade é dizer não, e ele acabava cedendo e perdendo sua identidade.

Como trabalhei: o primeiro passo foi entender por que o garoto só se sentia seguro para evacuar em casa e na fralda. A resposta: antes do irmão nascer, a mãe o acolhia, trocava sua fralda, fazia brincadeiras mais tranquilas, bem diferentes das do pai. Então o cérebro dele gravou que só seria seguro evacuar em casa (onde está a mãe) e na fralda (que remete ao acolhimento e à identidade dele).

Trabalhamos na mudança de percepção dele, em se sentir seguro para evacuar no vaso sanitário, devolvendo a identidade dele e também mostrando ao pai a importância de entender e respeitar as brincadeiras que o filho gosta.

Uma semana depois, o próprio garoto me enviou uma mensagem de voz contando com muita alegria que já conseguia ir ao banheiro sem medo, e que havia evacuado na escola!

Nem preciso dizer o tamanho da felicidade que tomou conta de mim! Vibro muito a cada paciente que consigo auxiliar a encontrar a causa de seus sintomas e a mudar essas percepções!

Quando atendo uma criança, preciso sempre manter um olhar aguçado para o ambiente em que ela vive: como é o relacionamento dos pais, da criança com irmãos, o ambiente escolar... isso é epigenética – ciência que analisa como o estilo de vida e o ambiente podem afetar o funcionamento dos nossos genes e consequentemente o surgimento de sintomas. É impossível trabalhar a criança e mantê-la num ambiente nocivo. Os sintomas aparecerão novamente, com certeza.

Atualmente, quando atendo alguma criança, os pais percebem que há necessidade de alterar comportamentos e consequentemente o ambiente em que a criança vive. Por isso, toda a família acaba sendo tratada também.

A mudança da percepção nos leva a uma mudança comportamental, e passamos a enxergar os sintomas como um "puxão de orelha" para enxergarmos com quais lentes estávamos olhando determinado evento traumático.

O que você achou dessa nova lente que eu acabei de te emprestar? Aposto que fez muito mais sentido enxergar tudo isso pelo olhar das Leis Biológicas do que pela maneira convencional, certo?

"Os filhos
enxergam o
mundo pela nossa
percepção. Logo,
qual mundo você
prefere apresentar:
o de medo e
abandono ou
o de amor
e acolhimento?"

Thaís Mazzei Wechsler

Thaísa Souza

Sou a Thaísa, natural de Limeira/SP, formada em fisioterapia há 20 anos e especializada em acupuntura. Há 13 anos, senti meu coração pulsar quando conheci a microfisioterapia e as Leis Biológicas. Foi a minha história de dor que me levou a fazer o que tanto amo. A busca por compreender aquilo que sentia fez com que eu mergulhasse no caminho do autoconhecimento e em minhas formações.

Hoje, honro minhas raízes e integro a força que vem da minha história, pois sei que sou a soma de tudo o que habita em mim.

Acredito que somos únicos, que nosso corpo é um templo sagrado e jamais está contra nós.

Meu propósito é guiar as pessoas na busca pela origem de suas dores e sintomas, revelando que cada sinal é um convite para relembrar e se reconectar com a própria essência.

thaisa_souza_ferreira
espacolamat
+55 (19) 99623-8767

Códigos da EXISTÊNCIA

32 O CORPO COMO GUARDIÃO DOS SILÊNCIOS DO CLÃ

Por Thaísa Souza

"O que uma geração cala, a outra carrega em seu corpo" (Dolto, 1993, p. 25). Essa frase de Françoise Dolto ecoa profundamente na prática dos meus atendimentos, em que percebo que os traumas não elaborados são frequentemente transmitidos de geração em geração, manifestando-se como sintomas físicos e emocionais. Todo sintoma revela a nossa história e, como sempre digo, o corpo que vemos narra histórias que nem sempre conhecemos.

Nosso corpo é uma vasta biblioteca. Nele, estão armazenadas as memórias que vivenciamos. Contrariando a crença de que nascemos como uma folha em branco, desde o momento em que éramos uma única célula, a história da nossa vida começou a ser gravada. Em nosso DNA, não carregamos apenas a cor dos olhos, do cabelo e da pele, também carregamos as experiências de nossos ancestrais, uma bagagem repleta de métodos de sobrevivência e apetrechos emocionais.

Aquilo que observamos em uma pessoa é apenas a ponta do iceberg. A verdadeira essência, a complexidade de suas vivências, permanece oculta, exigindo que olhemos além das aparências. Somos uma soma de histórias de sucessos, medos, alegrias, abandonos, traumas, crenças e tabus, todos entrelaçados por um fio invisível que nos conecta ao nosso clã.

Essas memórias estão inscritas em nós. Parafraseando Henri Laborit, sem memorização não há evolução. Ao longo das gerações, métodos foram desenvolvidos para assegurar nossa sobrevivência. Na natureza, nada ocorre por acaso, tudo possui uma coerência que liga os fatos. Estamos aqui para evoluir, não apenas como indivíduos, mas como um sistema familiar em transformação.

A vida nunca está contra nós. A natureza é sábia e nos presenteia com desafios que oferecem oportunidades de crescimento. Às vezes, esses desafios se manifestam por meio de doenças ou relacionamentos que se repetem, até que tomemos consciência e possamos evoluir o que precisa ser transformado.

Aquele que não conhece sua história tende a repeti-la. O que não foi expresso na família — segredos, injustiças e exclusões — permanece latente no sistema familiar, à espera de ser visto, reconhecido e reconciliado pelos descendentes.

A famosa passagem bíblica — "Eu sou o Senhor, teu Deus, Deus zeloso, que visito a iniquidade dos pais nos filhos até a terceira e quarta geração" (Êx 20:5) — oferece uma visão clara sobre como nossos ancestrais moldam nossa realidade.

Como já dizia Carl Jung, boa parte da nossa vida é guiada por conteúdos inconscientes, até que possamos nos tornar conscientes deles. Nossa mente detesta o vazio e fará de tudo para buscar aquilo que é conhecido. Mesmo que o "conhecido" inclua memórias de dor, perdas, traumas e violências. De certa forma, tudo isso também contribuiu para que você chegasse até aqui.

Muitas vezes, permanecemos aprisionados a essas memórias inconscientes, sobrevivendo a dores que não nos pertencem. Contudo, estamos aqui para viver, não apenas para sobreviver. O presente pode ser uma releitura do passado, e o futuro, ancestral, mas quando despertamos para nossa verdadeira existência, tudo se transforma em uma obra de amor. Como meu amigo e professor Rafael Livramento (2021) disse: "Não vamos apagar o passado, mas podemos organizá-lo de maneira diferente".

Recebemos o convite de integrar nossa história, reconhecendo que nossa força emana dela e assim relembrarmos quem realmente somos e ao que viemos. Existe um código para nossa existência.

Desde que esse universo do autoconhecimento se abriu para mim, comecei a olhar para minha história e minhas raízes com muito mais amor, honra e respeito.

Passei a observar o presente como um "presente", percebendo os sinais que a vida traz como um chamado para evoluir e me aproximar cada vez mais da minha essência, de quem realmente sou.

Foi nesse processo que compreendi algo profundo: tudo o que acontece agora tem raízes em algo que já foi vivido, e tudo o que ainda viveremos começa no instante presente.

Nesse contexto, como tudo faz parte de um chamado para a evolução, em 2020, abri um espaço de saúde integrativa em minha cidade. Foi um sonho que acalentei por anos. No entanto, logo que o espaço foi inaugurado, fui confrontada por muitos medos: de perseguição, de julgamento, do olhar do outro. Enfrentei crises de ansiedade e, em muitos momentos, desejava me esconder. Precisei mergulhar profundamente em minha história.

O espaço foi inaugurado em meio à pandemia, em um cenário que ressoava como uma guerra. Medos, impotência, solidão eram as percepções de um inconsciente coletivo. Aquele período era desconhecido para nós conscientemente, mas não para nosso inconsciente ou para nossos ancestrais. Cada um viveu a pandemia de acordo com aquilo que lhe era familiar.

Quando tomei consciência de que muitos dos meus ancestrais eram judeus, um nó se desfez em mim. O nome do espaço, Lamat, é acompanhado por um logo que representa uma estrela amarela. Colocar essa estrela na fachada do prédio foi um trilho do conflito para reviver os perigos que meus ancestrais enfrentaram em tempos de guerra, sendo obrigados a exibir a estrela em seus negócios. Muitos foram perseguidos e mortos por isso. Ao trazer essa consciência, percebi que o perigo não era meu, mas de meus antepassados. Aqui e agora, posso ter a estrela na frente do meu negócio, viver meu propósito e ocupar meu lugar no mundo — isso é "liberta-dor".

Quando tomamos consciência e eliminamos uma percepção negativa substituindo-a por outra, mudamos nossa resposta biológica. A partir dessa tomada de consciência, rompemos os laços que nos conectam às vítimas do passado, interrompendo a repetição de situações que nos mantêm como vítimas permanentes. Há uma vida a ser vivida até o fim e, para isso, precisamos de liberdade para dela nos apropriarmos e para que não seja apenas uma série de consequências do passado.

Reconhecer essas histórias, perceber como existe coerência em tudo que acontece e decifrar o que um sintoma está revelando, é encantador e me faz amar cada vez mais o meu trabalho e servir com amor.

Atendo a muitas crianças, e com coração nos ouvidos e ouvidos no coração, é incrível poder ver e escutar como elas revelam as histórias de seus sistemas familiares. Cada brincadeira, cada desenho, não é aleatório. É preciso estar presente para perceber o que a criança está compartilhando.

Em um dos atendimentos, uma menina de 7 anos chegou à sessão tomada de medo. Sua mãe relatou que ela sempre foi uma criança alegre. Porém, ao completar 7 anos, seu comportamento mudou. Tornou-se mais apegada à mãe e começou a ter pesadelos em que sempre dizia: "o homem é mau". Essa criança faz aniversário no mesmo dia que a mãe, próximo à data da avó materna. A avó, a mãe e a criança ocupam o lugar de primeira filha na família. Essas informações são sempre relevantes, pois ninguém nasce na data em que nasceu por acaso. Carregamos lealdades invisíveis com nosso sistema familiar, e essas simetrias carregam informações sobre o que ainda precisa ser integrado, reconhecido e evoluído.

Tanto na terapia manual evolutiva (TME) quanto na microfisioterapia, o paciente não precisa falar nada, pois é o corpo que traz a informação. Naquela sessão, os mapas que surgiram tinham muita relação com a hereditariedade relacionada à mãe e à epigenética materna, segredos de família, tudo aquilo que não foi dito. O corpo nunca mente.

Ao questionar a mãe sobre sua infância, por volta da mesma idade da filha, ela desabou em lágrimas. Aos 7 anos, foi abusada. Guardou segredo, mas o trauma sempre a atormentou. Na vida adulta, descobriu que a mãe dela, avó da paciente, também havia sofrido abuso na infância, por volta da mesma idade. Chamamos isso de síndrome de aniversário da data traumática. São datas que correspondem a eventos traumáticos vividos por um ancestral. Para aquela criança, completar 7 anos representava um grande perigo, mesmo que inconsciente, gerando a sensação de que algo terrível poderia acontecer a qualquer momento.

O trauma mora no corpo. Ao olhar para aquela mãe com empatia, busquei trazê-la para o presente, para que pudesse expressar o que não pôde no passado, conscientizando-a de que o perigo passou e agora ela é forte o suficiente para proteger a si mesma e à filha. Assim, pude ajudá-la a superar a impotência, o medo e a falta de proteção que sentiu na infância, e a interromper os ciclos de repetição que se arrastavam por gerações.

Inspirados pelos ensinamentos de Bert Hellinger, compreendemos que, quando uma mulher escolhe se curar, ela não cura apenas a si mesma — ela se torna canal de amor e compaixão, tocando também as dores de sua linhagem e abrindo novos caminhos para os que vierem depois. Jodorowsky afirmou:

> A árvore está viva dentro de mim. Eu sou a árvore, eu sou toda a minha família. Ninguém enfrenta problemas individuais, pois toda a família está sempre em jogo. O inconsciente familiar existe e, ao nos tornarmos conscientes, as mudanças ocorrem, beneficiando a todos. Se alguém realiza o seu trabalho, toda a árvore é purificada. (Jodorowsy; Costa, 2013, p. 75)

Leitor(a), convido-o(a) a refletir.

Quais histórias se repetem em sua vida?

Quais sinais seu corpo lhe tem enviado?

Quais padrões se manifestam em sua família?

Quais dores não foram expressas?

Quais lealdades você carrega?

Lembre-se: a história não começou com você, mas pode terminar em você. Desejo de coração que você desperte e permita que as histórias de seu sistema familiar o influenciem menos, enquanto seu coração e sua essência o guiam cada vez mais. Olhe além e atenda ao chamado de compreender o código de sua existência, trazendo paz ao passado, conectando-se com o presente e liberando o futuro. Você é a realização dos sonhos de todos os seus ancestrais.

BIBLIOGRAFIA

BACCIN, L. *O livro da vida*. Florianópolis: *s.n.*, 2020.

BÍBLIA SAGRADA. Bíblia Sagrada YouVersion (NVI). Disponível em: https://www.bible.com/. Acesso em: 24 abr. 2025.

DOLTO, F. *Quando os pais se separam*. Rio de Janeiro: Nova Fronteira, 1993.

HELLINGER, B. *Constelações familiares*: o reconhecimento das ordens do amor. São Paulo: Cultrix, 2001.

JODOROWSKY, A.; COSTA, M. *Metagenealogia:* a árvore genealógica como arte, terapia e busca do eu essencial. São Paulo: Cultrix, 2013.

JUNG, C. *O homem e seus símbolos*. Rio de Janeiro: Nova Fronteira, 2008.

LABORIT, H. *La nouvelle grille*. Paris: Robert Laffont, 1974.

LIVRAMENTO, R. Curso "Noções da Existência", 2021.

LOPES, B. *Nova abordagem terapêutica*. Rolândia: Cintia Chiarelli, 2021.

“Quanto mais conscientes estivermos da nossa história, mais livres estaremos para ser quem realmente somos. Somente a consciência liberta.”

Thaísa Souza

EDITORA
CHAVE MESTRA®

Instagram: @editorachavemestra

E-mail: editora@editorachavemestra.com.br

Site: www.editorachavemestra.com.br